快乐成长活动课程·教师用书

托班 上

主　编　何　敏
编　者（按姓氏笔画排列）
　　　　李　乐　汪　丽　杜　艳　陈丽霞

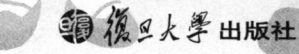
復旦大學出版社

图书在版编目(CIP)数据

快乐成长活动课程·教师用书·托班 上/何敏主编. —上海:复旦大学出版社,2018.6
ISBN 978-7-309-13504-6

Ⅰ.①快… Ⅱ.①何… Ⅲ.学前教育-教学参考资料 Ⅳ.G613

中国版本图书馆 CIP 数据核字(2018)第 021774 号

快乐成长活动课程·教师用书·托班 上
何　敏　主编
责任编辑/谢少卿　夏梦雪

复旦大学出版社有限公司出版发行
上海市国权路 579 号　邮编:200433
网址:fupnet@fudanpress.com　http://www.fudanpress.com
门市零售:86-21-65642857　团体订购:86-21-65118853
外埠邮购:86-21-65109143
上海盛通时代印刷有限公司

开本 787×1092　1/16　印张 7.75　字数 161 千
2018 年 6 月第 1 版第 1 次印刷

ISBN 978-7-309-13504-6/G·1807
定价:35.00 元

如有印装质量问题,请向复旦大学出版社有限公司发行部调换。
版权所有　侵权必究

编者的话

"快乐成长活动课程·托班"的起源

2~3岁的幼儿,像种子般地快速成长,随着活动能力、语言能力的增强,他们的活动范围自然也扩展了,他们对周围世界的人、事、物都越来越有兴趣。通过探索、活动及互动,幼儿的动作、身体、语言、认知、社会情感与情绪等各方面的发展都非常迅速,外在环境对他们的影响也越来越大了。成人为幼儿提供的学习内容、学习方法以及对他们的合理期待与态度,都会对幼儿产生深深的影响并涉及未来的发展。为了给托育机构提供高质量的活动安排及教学,以适合幼儿的方式将恰当的学习内容带给幼儿,让年幼的孩子享受快乐童年的同时有习惯、能力、性格诸多方面的发展,是这套书设计的初衷与动因。

2~3岁的幼儿虽然还小,却已经有一定的自我意识,会明确地表示"不""我要""我想""宝宝自己来""我的……",这也正是促进他们学习做事、迈向独立的好机会。自己喝水、吃饭、穿衣、穿鞋、洗手、戴围兜、背自己的包等日常生活中简单的事,既能满足这个年龄的独立意愿,又能培养他们的做事习惯与能力。在此基础上,还可以有意识地安排一些任务请他们帮忙,如拿取物品、收拾玩具、把读过的书放回原位、短暂地帮成人拎一下物品等,这些活动可以很好地锻炼他们的任务意识与能力。

2~3岁的幼儿,也非常喜欢身体活动、探索与表达,这些活动能使他们对世界及自我有更多的认识,丰富内心体验,是他们迈向自由与独立的重要而宝贵的经历。

"快乐成长活动课程·托班"的教育目的

一、培养良好的习惯:包括生活习惯与学习习惯。良好的习惯是人一生发展的基础。

二、培养对身体活动的习惯与能力。

三、培养对身边发生的事情好奇且会去探索的能力。

四、培养解决问题的能力。

五、培养自助、独立的能力。

六、培养与朋友相处的态度与能力。

"快乐成长活动课程·托班"之特色

一、用儿歌、手指谣、歌谣、故事培养幼儿对阅读的兴趣,进而发展幼儿的语言能力。

二、通过律动、打击乐活动、户外活动培养幼儿节奏感、动作与身体的发展以及对运动的爱好。

三、在规律的一日活动中,养成良好的生活与学习习惯、自助、独立的能力。

四、提供家长参与机会,促进良好的亲子关系建立。

五、在社会性互动活动中,建立朋友间合作的态度与能力。

本活动课程强调父母参与的重要性,因此,本套书提供可以增进亲子间关系的具体活动策略。希望借此也可增进学校与家庭间的合作关系,进而达到教育效能。

六、借助游戏化活动促进幼儿未来学校学习所需的基本认知能力。

本套教材编写中,我们特邀0～3岁儿童发展及教育的课程专家,根据最新编制的《3岁以下婴幼儿托育服务机构保育教育指导纲要》(暂定)的要求设计了全套书的定位、教育价值取向、写作框架,组织了长期实践在一线的、有丰富带班经验和设计及开发课程能力的早教中心课程主管、托班教师团队编写了托班幼儿的活动课程,并配上本套托班教师用书,最终由编委会统整审定。

本书各单元活动课程提供分工如下:

好好说:汪丽(上海市普陀区早教中心)

吃吃喝喝:陈丽霞(杭州市妇女中心早教部)

穿穿脱脱:李乐(上海市荷花池幼儿园)

小伙伴,一起玩:杜艳(华东师范大学附属幼儿园)

本书内容涉及幼儿在身体发育,生活习惯,动作、语言、认知、情感及社会性发展,艺术表现等多个保教内容方面的活动课程,希望给托班的教师提供有启发意义的活动示例,有能力的教师可以在此基础上根据情况进行修改。

希望本套课程能对广大托班的教师有所帮助,也期待大家提出宝贵的意见,以便我们再版时改进。

何　敏　于华东师范大学

2018年6月

目　录

单元名称：好好说 / 001
　　保教学习内容网 / 002
　　活动区域布置参考 / 003
　　月学习活动建议表 / 004
　　活动一：你好，欢迎（一）/ 005
　　活动二：你好，欢迎（二）/ 006
　　活动三：宝宝、宝宝快快来（一）/ 007
　　活动四：宝宝、宝宝快快来（二）/ 008
　　活动五：找到老师 / 009
　　活动六：我要喝水 / 010
　　活动七：笑脸宝宝（一）/ 011
　　活动八：拉个圆圈走走（一）/ 012
　　活动九：拉个圆圈走走（二）/ 013
　　活动十：摇啊摇 / 014
　　活动十一：走走跳跳站站好（一）/ 015
　　活动十二：中秋月儿圆 / 016
　　活动十三：会变的月亮 / 017
　　活动十四：大大的抱抱（一）/ 018
　　活动十五：大大的抱抱（二）/ 019
　　活动十六：笑脸宝宝（二）/ 020
　　活动十七：挥挥小手说再见 / 022
　　活动十八：走走跳跳站站好（二）/ 023
　　活动十九：我的照片在哪里 / 024
　　活动二十：点名说"到" / 025

单元名称：吃吃喝喝 / 026
　　保教学习内容网 / 027
　　活动区域布置参考 / 028
　　月学习活动建议表 / 029
　　活动一：快来吃呀（一）/ 030

活动二：大象吃水果 / 032

活动三：小猪睡觉（一）/ 033

活动四：做饼干 / 035

活动五：味道 / 036

活动六：吃饭歌 / 037

活动七：水果跳 / 038

活动八：最大和最小 / 039

活动九：怎样吃饭才正确？/ 040

活动十：小鸡饿了 / 041

活动十一：快来吃呀（二）/ 042

活动十二：喜欢吃什么 / 043

活动十三：生日快乐 / 044

活动十四：我来喂宝宝 / 046

活动十五：小刺猬背果子 / 047

活动十六：包饺子 / 048

活动十七：蔬菜躲猫猫 / 049

活动十八：小猪睡觉（二）/ 051

活动十九：古诗《悯农》/ 052

活动二十：大西瓜 / 053

单元名称：穿穿脱脱 / 054

保教学习内容网 / 055

活动区域布置参考 / 056

月学习活动建议表 / 057

活动一：调皮的衣服（一）/ 058

活动二：大大小小 / 059

活动三：薄薄厚厚 / 060

活动四：美丽的中国服饰 / 061

活动五：上上下下 / 062

活动六：鞋宝宝找朋友 / 064

活动七：宝宝穿鞋 / 065

活动八：帽子、衣服、裤子、鞋子 / 066

活动九：小小设计师 / 068

活动十：宝宝自己来 / 069

活动十一：大洞和小洞 / 070

活动十二：小兔蹦蹦跳 / 071

活动十三：可爱的帽子 / 073

　　活动十四：调皮的衣服（二）/ 074

　　活动十五：宝宝来帮忙 / 075

　　活动十六：宝宝穿裤子 / 076

　　活动十七：宝宝衣物宝宝放 / 077

　　活动十八：我会自己晾衣服 / 078

　　活动十九：好看的裤子 / 080

　　活动二十：衣服宝宝的家 / 081

单元名称：小伙伴，一起玩 / 083

　　保教学习内容网 / 084

　　活动区域布置参考 / 085

　　月学习活动建议表 / 086

　　活动一：小伙伴，一起玩 / 087

　　活动二：找朋友 / 088

　　活动三：漂亮的围巾 / 090

　　活动四：对对碰 / 091

　　活动五：排排队 / 092

　　活动六：宝宝找朋友 / 093

　　活动七：吹泡泡 / 094

　　活动八：我的好朋友在哪里？/ 096

　　活动九：认识颜色 / 097

　　活动十：种花 / 099

　　活动十一：开火车 / 100

　　活动十二：小鸭小鸡（一）/ 101

　　活动十三：小鸭小鸡（二）/ 103

　　活动十四：捡积木 / 104

　　活动十五：有趣的影子 / 106

　　活动十六：漂亮的项链 / 107

　　活动十七：搭积木 / 108

　　活动十八：新年到 / 109

　　活动十九：大家一起玩 / 110

　　活动二十：给朋友送礼物 / 112

附录　托班作息时间表 / 113

单元名称：好好说

保教活动指南

教导重点

第一次踏入集体生活的幼儿，需要一个适应的过程。其中包括安全依恋的转移：从对家庭主要教养人的依恋转移到对教师的补偿性依恋；自我面对新环境的适应；同伴间的交往等。幼儿会表达自己的需要、想法、意愿、情绪就显得尤为重要。

2~3岁幼儿处于接受语言刺激的敏感期，也是口语表达的爆发期。刚来幼儿园的9月，幼儿要尝试通过肢体、语言进行表达，获得帮助和满足。教师可以通过肢体和语言相结合的正确示范、丰富的语言环境、积极的肯定和鼓励，来激发幼儿表达的意识，培养幼儿的正确表达能力。

小小提醒

- 敏锐捕捉幼儿表达的意图和时机，耐心等待，给予幼儿表达的机会。
- 语言不佳或胆小的幼儿能使用肢体语言进行表达，也是值得鼓励的哦！
- 清晰简洁的语言更利于幼儿模仿和学习。

保教学习内容网

中心主题：好好说

习惯养成
- 能力
  1. 对班级中的玩具、图书感兴趣，能自由玩耍。
  2. 初步尝试跟随老师。
  3. 通过参观、体验班级内各个区域，初步感知其功能，尽快熟悉班级环境和设施。
- 意愿
  1. 感受集体的氛围。
  2. 尝试在集体中让情绪稳定下来，跟着教师、保育员和同伴一起活动。
  3. 初步尝试跟随教师。
  4. 知道自己的班级，感受教师和保育员亲切友好的态度。
  5. 继续感受集体的氛围。

动作发展
- 大肌肉
  1. 愿意看或模仿教师、同伴的动作，尝试跟随。
  2. 增强身体协调控制能力。
- 小肌肉
  1. 愿意模仿或看教师和同伴做律动。
  2. 学习正确取水、喝水。

艺术表现
- 欣赏
  1. 在成人引导下倾听音乐。
  2. 对音乐有兴趣，愿意参与到音乐律动中来。
  3. 享受聆听儿歌的乐趣。
  4. 享受律动的乐趣。
  5. 根据教师表情理解歌曲内容。
- 表现
  1. 有跟唱和模仿的兴趣。
  2. 尝试随着歌曲做相应表情。
  3. 跟随儿歌韵律轻轻摇摆身体，模仿学说。
  4. 增强音乐表现力。

语言发展
- 能力
  1. 安静听完故事。
  2. 能找出故事中的人物：教师、豆豆。
  3. 增强沟通交往能力。
  4. 用"这是我的……"句子进行表述。
  5. 安静倾听教师点名，知道点到自己名字要有回应。
- 意愿
  1. 愿意跟着教师的指点和提问看和说。
  2. 愿意和教师一起翻看图书。
  3. 尝试用举手或语言"到"回应教师的点名。
  4. 尝试用语言或动作表达"再见"。
  5. 能找出故事中的人物：教师、豆豆。

情感与社会性发展
- 品格
  1. 学习与同伴分享食物。
  2. 愿意跟随教师和同伴一起律动。
- 社会互动
  1. 知道自己的班级，感受教师和保育员亲切友好的态度。
  2. 感受集体活动的快乐氛围。
  3. 增强与教师、同伴在一起的快乐。

认知发展
- 能力
  1. 增强观察能力和解决问题的能力。
  2. 增强观察理解能力。
  3. 启发想象力。
  4. 增强好奇心和探究欲望。
  5. 增强理解能力。
- 意愿
  1. 通过参观、体验班级内各个区域，初步感知其功能，尽快熟悉班级环境和设施。
  2. 认识喝水的地方，能根据照片找到自己的杯子。
  3. 初步了解中秋节名称，知道中秋节要吃月饼。
  4. 知道各生活区域中自己的照片和相应的物品。
  5. 知道月亮在晚上出来，但有时会躲起来。
  6. 根据教师指令找到相应的环境区域。

活动区域布置参考

区域	情 境 布 置
主题活动区域	• 幼儿认识的人：门卫、保健教师、班主任、保育员的照片 • 幼儿在幼儿园各活动场所的照片 • 收集的幼儿与家人玩"摇啊摇，摇到外婆桥"的照片（见活动十：摇啊摇） • 中秋节元素的情景：各种月饼盒、圆月背景、幼儿家庭赏月、团聚照片等
生活活动区域	• 每位幼儿的全家福、家庭相册 • 小背包整理区 • 笑脸宝宝展示板，可更换、增减的每位幼儿笑脸活动的照片，游戏书：笑脸宝宝点个赞（见活动一：你好，欢迎（一））
艺术活动区域	• 将小铃、沙、赤豆等分别装入透明塑料瓶做小乐器 • 游戏书：我要喝水（见活动六：我要喝水） • 歌曲：拉个圆圈走走（见活动八：拉个圆圈走走（一））
角色活动区域	• 收集的各种厨房用具（锅碗勺盆等）、清洁用具（抹布、清洁海绵、喷壶等） • 各种小动物手偶、装扮服饰等 • "食物切切乐"组合玩具和各种仿真食物玩具
语言活动区域	• 绘本《噼里啪啦系列：你好》 • 游戏书：我的照片在哪里（见活动十九：我的照片在哪里） • 幼儿彩色笑脸照片（A4纸大小）与各种黑白卡通哭脸宝宝图片（A4纸大小）间隔组成一本可翻阅的图片集（见活动十六：笑脸宝宝（二））
建构活动区域	• 游戏书：拼五官说表情（见活动七：笑脸宝宝（一）） • 各类嵌入式拼图、拼版

月学习活动建议表

	星期一	星期二	星期三	星期四	星期五
第一周	活动一 你好，欢迎（一）	活动二 你好，欢迎（二）	活动三 宝宝、宝宝快快来（一）	活动四 宝宝、宝宝快快来（二）	活动五 找到老师
第二周	活动六 我要喝水	活动七 笑脸宝宝（一）	活动八 拉个圆圈走走（一）	活动九 拉个圆圈走走（二）	活动十 摇啊摇
第三周	活动十一 走走跳跳站站好（一）	活动十二 中秋月儿圆	活动十三 会变的月亮	活动十四 大大的抱抱（一）	活动十五 大大的抱抱（二）
第四周	活动十六 笑脸宝宝（二）	活动十七 挥挥小手说再见	活动十八 走走跳跳站站好（二）	活动十九 我的照片在哪里	活动二十 点名说"到"

活动一：你好，欢迎（一）

领域	情感与社会性发展、认知发展、习惯养成
活动资源	1. 舒缓、轻松的背景音乐 2. 游戏书上：笑脸宝宝点个赞
活动目标	1. 知道自己的班级，感受教师和保育员亲切友好的态度。 2. 感受集体的氛围。 3. 对班级中的玩具、图书感兴趣，能自由玩耍。

活动过程	时间
一、引发动机 1. 引导幼儿插晨检牌，让幼儿找到自己的照片，对应地插。 2. （播放舒缓、轻松的背景音乐）幼儿到游戏区域，自由玩耍。	来园
二、主要活动 1. 与幼儿积极互动，帮助幼儿擦眼泪鼻涕，并与幼儿一起将废纸扔进垃圾桶。 2. 与幼儿一起玩区域活动内容，在区域活动中及时提供帮助。 ● 与幼儿一起玩轨道汽车，帮助组建轨道等。 ● 与幼儿一起看绘本，满足幼儿对重复翻阅画面和重复听故事的需求。 3. 播放舒缓、轻松的音乐，教师随着音乐舞动，鼓励和引发幼儿参与，一起舞动身体。 ● 随着音乐拍手、点头。 ● 随着音乐挥舞手臂、转圈、扭腰等。	游戏活动
三、综合活动、总结 1. 向幼儿介绍笑脸宝宝贴纸，并一边为幼儿贴上、一边说鼓励的话。 2. 帮助幼儿找到并拿好自己的小书包，等待家人。	离园

保教活动评估

1. 在教师安抚下情绪能较为平静。
2. 能对游戏材料感兴趣。
3. 能在教师引导下完成盥洗。

活动二：你好，欢迎（二）

领域	情感与社会性发展、认知发展、习惯养成
活动资源	1. 舒缓、轻松的背景音乐 2. 游戏书上：笑脸宝宝点个赞
活动目标	1. 继续认识自己的班级，感受教师和保育员亲切友好的态度。 2. 继续感受集体的氛围。 3. 对班级中的玩具、图书持续感兴趣，能自由玩耍。

活动过程	时间
一、引发动机 1. 引导幼儿对应自己的照片插晨检牌。 2. （播放舒缓、轻松的背景音乐）引导幼儿到游戏区域，自由玩耍。	来园
二、主要活动 1. 与幼儿积极互动，帮助幼儿擦眼泪鼻涕，并与幼儿一起将废纸扔进垃圾桶。 2. 与幼儿一起玩游戏内容，在游戏中及时提供帮助，安抚情绪。 • 给幼儿提供各种玩偶，并尝试引发幼儿与玩偶的对话等。 • 鼓励幼儿进行垒高、堆砌等搭建的游戏，示范、重复进行游戏。 3. 播放舒缓、轻松的音乐，老师随音乐舞动身体，并用语言提示动作：拍拍手、点点头、扭一扭等。	游戏活动
三、综合活动、总结 1. 为幼儿贴上笑脸宝宝贴纸，并说鼓励的话、做亲切的肢体动作（拥抱）等。 2. 帮助幼儿找到并拿好自己的小书包，等待家人。	离园

保教活动评估

1. 在教师安抚下情绪能较为平静。
2. 能对游戏材料感兴趣。
3. 能在教师引导下完成盥洗，不尿湿裤子。

 活动三：宝宝、宝宝快快来（一）

领域	情感与社会性发展、认知发展、习惯养成
活动资源	游戏书上：笑脸宝宝点个赞
活动目标	1. 通过参观、体验班级内各个区域，初步感知其功能，尽快熟悉班级环境和设施。 2. 初步尝试跟随教师。

活动过程	时间(分钟)
一、引发动机 1. 帮助幼儿围拢在教师身边坐下。 2. 教师念："宝宝、宝宝快快来，快来看看我是谁？"介绍自己："我是××老师。" 3. 逐一问幼儿："我是谁？"让幼儿说出"××老师"。然后给予语言表扬和摸摸小脸、拉拉手或拥抱等回应。（请回应的幼儿自己取下笑脸宝宝贴纸贴在手背上）	2~3
二、主要活动 1. 教师念："宝宝、宝宝快快来，"请幼儿聚拢到教师身边。教师不断变换地方，让幼儿反复尝试。 2. 教师一边念："宝宝、宝宝快快来，快来看看这是哪？"一边介绍身边环境和功能，如：饮水区、游戏区等。 3. 教师继续念："宝宝、宝宝快快来，快来看看这是哪？"一边带领幼儿到盥洗室、餐厅、卧室去参观，了解功能。	8~10
三、综合活动、总结 1. 回到座位，帮助幼儿找到空椅子面朝教师围坐。 2. 教师念："宝宝、宝宝快快来，快来看看这是谁？"请幼儿一起说说教师的名字："××老师"。（用游戏书"笑脸宝宝点个赞"中的贴纸奖励幼儿）	2~3

保教活动评估

1. 能在教师帮助下围坐在教师身边。
2. 能跟学教师的名字。
3. 能在教师引导下看看、认认班级内各区域。

活动四：宝宝、宝宝快快来（二）

领域	情感与社会性发展、认知发展、习惯养成	
活动资源	游戏书上：笑脸宝宝点个赞	
活动目标	1. 通过参观体验班级内各个区域，初步感知其功能，尽快熟悉班级环境和设施。 2. 初步尝试跟随教师。	
活 动 过 程		时间（分钟）
一、引发动机 1. 帮助幼儿围拢在教师身边入座。 2. 教师念："宝宝、宝宝快快来，快来看看我是谁？"介绍自己："我是××老师。" 3. 逐一问幼儿："我是谁？"让幼儿说出"××老师"。然后给予语言表扬和摸摸小脸、拉拉手或拥抱等回应。		2～3
二、主要活动 1. 教师念："宝宝、宝宝快快来"，请幼儿聚拢到教师身边。教师不断变换地方，让幼儿反复尝试。 2. 教师一边念："宝宝、宝宝快快来，快来看看这是哪？"一边介绍身边的环境和功能，如：饮水区、游戏区等。给幼儿表达的机会，让幼儿先回答，然后再介绍。 3. 教师一边念："宝宝、宝宝快快来，快来看看这是哪？"一边带领宝宝去盥洗室、餐厅、卧室参观，了解功能。同样给幼儿表达的机会，让幼儿先回答，然后再介绍，激发幼儿参与该区域活动的兴趣。		8～10
三、综合活动、总结 1. 回到座位，帮助幼儿找到空椅子面朝教师围坐。 2. 教师念："宝宝、宝宝快快来，快来看看这是谁？"请幼儿一起说说教师的名字："××老师"。 3. 用游戏书"笑脸宝宝点个赞"奖励幼儿。		2～3

保教活动评估

1. 能在教师帮助下知道找空椅子围坐在教师身边。
2. 能学学、说说教师的名字。
3. 能在教师引导下跟随教师看看、认认班级各区域。

 活动五：找到老师

领域	情感与社会性发展、认知发展、习惯养成、语言发展
活动资源	1. 游戏书：笑脸宝宝点个赞 2. 幼儿用书 上 第2～3页
活动目标	1. 尝试在集体中让情绪稳定下来，跟着教师、保育员和同伴一起活动。 2. 感受集体活动的快乐氛围。

活 动 过 程	时间(分钟)
一、引发动机 1. 帮助幼儿正确搬小椅子，并围拢在教师身边入座。 2. 看幼儿用书 上 第2～3页"找到老师"，指指认认教师。	2～3
二、主要活动 1. 教师念："宝宝、宝宝快快来，快来看看我是谁？"请幼儿自由说说。然后教师介绍自己："我是××老师。" 2. 逐一问幼儿："我是谁？"让幼儿说出"××老师"，然后给予语言表扬和摸摸小脸、拉拉手或拥抱等回应。 3. 教师念："宝宝、宝宝快快来，快来看看这是谁？"请幼儿看看另一位班主任教师，说说是哪位老师。如果有幼儿说出，及时表扬。然后请教师自我介绍"我是××老师"，并与幼儿逐一打招呼，请幼儿说出"××老师"。 4. 找找保育员在哪里，认认、叫叫"阿姨"，并打打招呼："××阿姨好！" 5. 两位教师和保育员并排站好，教师念："宝宝、宝宝快快来，快来看看这是谁？"请幼儿说说。	8～10
三、综合活动、总结 1. 游戏：谁躲起来了？ 玩法：两位教师先并排站，然后一位教师躲到另一位教师身后，请幼儿说说，谁躲起来了？当幼儿说完，躲起来的教师要站到另一位教师前面，拍手说："对对对，我是××老师。" 2. 给幼儿贴"笑脸宝宝点个赞"贴纸，鼓励幼儿坚持来幼儿园。	2～3

保教活动评估

1. 能在教师帮助下知道教师、保育员的名字。
2. 能学学说说教师的名字。
3. 能对来幼儿园有期待。

活动六：我要喝水

领域	动作发展、认知发展、习惯养成		
活动资源	1. 游戏书上：我要喝水 2. 幼儿用书 上 第 4～5 页 3. 幼儿日常喝水的杯子一个 4. 儿歌（自创）		
活动目标	1. 认识喝水的地方，能根据照片找到自己的杯子，学习正确取水、喝水。 2. 增强观察能力和解决问题的能力。		
活动过程			时间（分钟）
一、引发动机 1. 教师出示水杯，请幼儿说说"这是什么"。 2. 请幼儿说说水杯有什么用。			2～3
二、主要活动 1. 启发幼儿想想、说说：在哪里能找到水杯？ 2. 教师将幼儿引导到引水区，请幼儿打开幼儿用书 上 第 4～5 页，仔细观察，并说一说怎样喝水，再运用儿歌：看照片、找水杯，我拿我的小水杯，咕噜咕噜来喝水，完成"找自己杯子、正确接水、喝水、放回杯子"的讲解过程。 3. 教师出示游戏书上"我要喝水"，示范如何"取下"杯子。 4. 幼儿操作游戏书，老师巡回帮助。 5. 老师将取下的水杯放在游戏书上"我要喝水"的饮水桶下，运用儿歌："看照片、找水杯，我拿我的小水杯，咕噜咕噜来喝水。喝完水，放回去，我要健康多喝水"，玩接水、喝水的游戏。			8～10
三、综合活动、总结 请幼儿将自己用剩下的碎纸捏成团，扔进垃圾桶。			2～3

保教活动评估

1. 能知道根据自己的照片找到和送回自己的水杯。
2. 能尝试自己用推纸的方式"取下"水杯。
3. 喜欢喝水游戏，并能根据正确步骤展开游戏。

活动七：笑脸宝宝（一）

领域	动作发展、艺术表现、情感与社会性发展
活动资源	1. 幼儿用书㊤第6~7页 2. 游戏书上：拼五官说表情 3. 幼儿各种笑声的音频 4. 儿歌：笑脸宝宝真好看
活动目标	1. 根据教师表情理解歌曲内容。 2. 有跟唱和模仿的兴趣。 3. 增强观察理解能力。

活动过程	时间(分钟)
一、引发动机 (播放笑声音频)让幼儿说说听到的是什么声音,为什么笑？告诉幼儿：宝宝上幼儿园真开心,哈哈笑。	2~3
二、主要活动 1. 教师出示幼儿用书㊤"笑脸宝宝",请幼儿学学如何做笑脸宝宝,并告诉幼儿："笑脸宝宝真好看,大家都喜欢。" 2. 教师唱歌,幼儿欣赏。 **笑脸宝宝真好看** 1=C 2/4 1 3 5 ｜ 5 — ｜ 1 6 5 ｜ 5 — ｜ 1 3 5 ｜ 5 — ｜ 5 4 3 2 ｜ 1 — ‖ 宝宝哭了,　不好看呀,　宝宝笑了,　大家都喜欢。 3. 教师做出哭和笑的表情,让幼儿说说：哭了,不好看,笑了,大家都喜欢。 4. 教师边唱边做动作,并在唱完后依次停留在一、两位幼儿前说："笑脸宝宝真好看,老师喜欢你。" 5. 教师表演唱,引发幼儿一边跟唱一边跟学动作。	8~10
三、综合活动、总结 用游戏书：拼五官说表情,贴出一张笑脸宝宝吧！	2~3

保教活动评估

1. 能有兴趣听和看教师的歌表演。
2. 能认识笑脸和哭脸。
3. 能独立拼搭出哭脸和笑脸,知道笑脸宝宝好看。

活动八：拉个圆圈走走（一）

领域	艺术表现、认知发展、情感与社会性发展
活动资源	1. 幼儿用书第 8 页 2. 歌曲《拉个圆圈走走》 3. 教师事先学唱歌曲，并录音，或准备好歌曲音频
活动目标	1. 在成人引导下倾听音乐。 2. 愿意看或模仿教师和同伴的动作，尝试跟随。

活动过程	时间(分钟)
一、引发动机 出示幼儿用书"拉个圆圈走走"，看看说说：他们在干什么。 欣赏歌曲，引发幼儿兴趣。	2～3
二、主要活动 1. 教师根据歌曲节奏念歌词。 **拉个圆圈走走** $1=F \quad \frac{2}{4}$ $\underline{1\ 1}\ \underline{2\ 3}\ \mid\ \underline{1}\ \underline{5}\ \mid\ \underline{1\ 1}\ \underline{2\ 3}\ \mid\ \underline{1}\ \underline{5}\ \mid\ \underline{1\ 1}\ \underline{2\ 3}\ \mid\ \underline{4\ 3}\ \underline{2\ 1}\ \mid\ \underline{7}\ \underline{5}\ \underline{6\ 7}\ \mid\ 1\ -\ \mid\mid$ 拉个 圆圈 走走, 拉个 圆圈 走 走, 走呀 走呀 走呀 走呀, 看谁 先 蹲 下。 2. 两位教师在歌曲中做律动，重点解读"蹲下"。请幼儿在听到"蹲下"时做出相应的动作。 3. 教师分别找几位幼儿在歌曲中做律动，请其他幼儿自由围观和模仿。 4. 大家一起围成一个大圆圈做律动。	8～10
三、综合活动、总结 请幼儿随着教师说"圆圈变小咯、圆圈变大咯"的指令一起往圆心走，再退成大圆圈。反复游戏。	2～3

保教活动评估

1. 能有兴趣听音乐。
2. 能有兴趣模仿动作。
3. 能与教师或同伴一起围圈律动。

活动九：拉个圆圈走走（二）

领域	艺术表现、认知发展、情感与社会性发展
活动资源	1. 幼儿用书（上）第 8 页 2. 歌曲：《拉个圆圈走走》
活动目标	1. 对音乐有兴趣，愿意参与到音乐律动中来。 2. 感受集体活动的快乐氛围。

活动过程	时间（分钟）
一、引发动机 出示学生书"拉个圆圈走走"，教师边唱边与幼儿一起看画面。 欣赏歌曲，请幼儿说说名称。	2～3
二、主要活动 1. 边唱边跟着歌曲拍手。 2. 教师边唱边启发幼儿做做动作：蹲下。 3. 教师邀请愿意参加的幼儿在歌曲中做律动。 4. 大家一起围成圈做律动。 5. 教师将"蹲下"换成其他指令，如：拍拍手、站站好、跳一跳、坐下等，将律动重复进行多次。	8～10
三、综合活动、总结 1. 请幼儿随着教师说"圆圈变小咯"的指令一起往圆心走，当缩到最小后和碰到的同伴打招呼："你好。" 2. 请幼儿随着教师说"圆圈变大咯"的指令一起往后退，退成大圆圈，同时说："圆圈变大咯。" 3. 反复游戏。	2～3

保教活动评估

1. 能对歌曲有兴趣。
2. 能主动模仿动作。
3. 能与教师或同伴一起围圈律动。

活动十：摇啊摇

领域	语言发展、动作发展、情感与社会性发展
活动资源	1. 幼儿用书 第 9 页 2. 游戏书上：笑脸宝宝点个赞 3. 儿歌（民谣仿编）
活动目标	1. 跟随儿歌韵律轻轻摇摆身体，模仿学说。 2. 享受聆听儿歌的乐趣。

活动过程	时间（分钟）
一、引发动机 请幼儿翻看学生书"摇啊摇"，找到和教师一样的这一页。	2～3
二、主要活动 1. 看幼儿用书"摇啊摇"，教师解读。 　　教师念儿歌：摇啊摇，摇啊摇，摇到宝宝班。老师叫我好宝宝，我和老师抱一抱。请幼儿说一说，听到儿歌里说了什么。 2. 教师边念儿歌边轻轻晃动身体。 3. 幼儿在教师带领下跟学儿歌，轻轻摇摆身体。 4. 教师与一位幼儿在地毯上互抱，进行"摇啊摇"的游戏。 5. 幼儿两两互抱，边念儿歌边摇摆。	8～10
三、综合活动、总结 1. 教师把儿歌改成：摇啊摇，摇啊摇，摇到外婆桥。外婆叫我好宝宝，我给外婆吃块糕。请幼儿回家与家人一起玩"摇啊摇"的游戏。 2. 用游戏书上"笑脸宝宝点个赞"鼓励幼儿一起玩游戏。	2～3

保教活动评估

1. 能对儿歌有兴趣。
2. 能跟学儿歌，摇摆身体。
3. 能享受儿歌的乐趣。

单元名称：好好说

活动十一：走走跳跳站站好（一）

领域	语言发展、动作发展、情感与社会性发展
活动资源	1. 幼儿用书[白]第 10 页 2. 游戏书上：笑脸宝宝点个赞 3. 儿歌（自创）
活动目标	1. 愿意模仿或看教师和同伴做律动。 2. 享受律动的乐趣。

活动过程	时间（分钟）
一、引发动机 1. 看看、说说幼儿用书[白]"走走跳跳站站好"。 2. 欣赏教师律动，引发兴趣。	2～3
二、主要活动 1. 教师边念儿歌边解读动作：我学老师走走，我学小兔跳跳，我学马儿跑跑，嘀骨碌驾，嘀骨碌驾，大家一起站站好。 　看看教师做的动作，说说学的是什么小动物。 2. 幼儿在教师带领下跟学动作。 　先根据教师指令逐一学小动物动作，然后连起来做。 3. 完整做律动，幼儿跟学。 　教师有节奏地念儿歌，并让幼儿根据节奏完成律动。 　我学老师走——走——， 　我学小兔跳——跳——， 　我学马儿跑——跑——， 　嘀骨碌驾——，嘀骨碌驾——， 　大家一起站站好——。	8～10
三、综合活动、总结 1. 教师启发幼儿想想、说说："还有哪些小动物？" 2. 将想到的动物编到律动里，请幼儿跟学儿歌，并跟学动作。 3. 用游戏书"笑脸宝宝点个赞"鼓励幼儿一起玩游戏。	2～3

保教活动评估

1. 能有兴趣模仿做动作。
2. 能享受律动的乐趣。

活动十二：中秋月儿圆

领域	语言发展、动作发展、情感与社会性发展
活动资源	1. 幼儿用书上第 11 页 2. 游戏书上：中秋月儿圆 3. 儿歌（自创）
活动目标	1. 初步了解中秋节名称，知道中秋节吃月饼。 2. 学习与同伴分享食物。 3. 增强与教师、同伴在一起的快乐。

活动过程	时间(分钟)
一、引发动机 1. 教师简单介绍中秋节名称和传统美食：月饼。 2. 启发幼儿说说，月饼是什么形状和口感。	2～3
二、主要活动 1. 欣赏学生书"中秋月儿圆"，说说看到了什么。引发幼儿对月亮的关注，告诉幼儿圆圆的月饼就像圆圆的月亮。 2. 欣赏儿歌：中秋月儿圆，月饼香又甜。啊呜咬一口，咦，月饼变小船。教师请幼儿边看画面，边欣赏儿歌。 3. 教师出示游戏书上，示范撕贴纸，提醒幼儿在撕的过程中要沿着边，一点一点慢慢撕。 4. 幼儿操作，将游戏书上的月饼贴纸撕下来，贴在相应的位置，拼成完整的月饼。教师巡回帮助。	8～10
三、综合活动、总结 1. 出示游戏书"中秋月儿圆"，简单讲解玩法，并告诉幼儿在哪个区域活动中可以自取玩耍，提醒幼儿在区域活动时间自由尝试。 2. 回家后和爸爸妈妈一起去找找月亮在哪里，和家人一起分享月饼。	2～3

保教活动评估

1. 能知道中秋节和月饼的名称。
2. 能享受集体生活中与人分享的乐趣。

 活动十三：会变的月亮

领域	语言发展、动作发展、情感与社会性发展
活动资源	1. 幼儿用书 🅱 第 12～13 页 2. 游戏书上：我叫月亮快出来
活动目标	1. 知道月亮在晚上会出来，但有时会躲起来。 2. 增强好奇心和探究欲望。

活 动 过 程	时间(分钟)
一、引发动机 请幼儿回忆与爸爸妈妈一起看月亮的场景，教师和幼儿一起说说中秋节的月亮和月饼。	2～3
二、主要活动 1. 欣赏幼儿用书 🅱 "会变的月亮"。 　• 说说：在画面上看到了什么。 　• 启发幼儿想想、说说："月亮会不会变？是怎么变的？" 2. 幼儿使用游戏书上"我叫月亮快出来"，老师巡回帮助。 　• 请幼儿看看找找，有几个月亮？ 　• 说说：月亮在哪里？ 　• 还看见什么小动物？ 3. 说说：月亮会不会躲起来？什么时候会躲起来呢？	8～10
三、综合活动、总结 回家后去看看、找找：圆圆的月亮会变瘦吗？	2～3

保教活动评估

1. 能知道月亮会在晚上出来，但有时会躲起来。
2. 能有好奇心和探究的欲望。

活动十四：大大的抱抱（一）

领域	语言发展、情感与社会性发展
活动资源	幼儿用书 上 第14～19页
活动目标	1. 安静听完故事。 2. 愿意跟着教师的指点和提问看和说。 3. 启发想象力。

活 动 过 程	时间（分钟）
一、引发动机 教师出示幼儿用书 上 "大大的抱抱"，引导宝宝看看上面有谁。	2～3
二、主要活动 1. 教师边翻阅书，边有表情地完整讲故事。 大大的抱抱（对应幼儿用书 上 第14页） 豆豆来到宝宝园，妈妈走了，豆豆开始想妈妈。想着想着，"哇"的一声哭起来。（翻盖）老师过来说："想妈妈了告诉老师，老师给你大大的抱抱。"（对应幼儿用书 上 第15页） 豆豆玩积木，玩着玩着大声说："老师，我要嘘嘘！"（翻盖）老师又给了豆豆一个大大的抱抱，"要帮助，找老师。豆豆很棒哦！"（对应幼儿用书 上 第16页） 豆豆看见小伙伴在玩轨道汽车，伸出手对小伙伴说："给我玩玩好吗？"（翻盖）啊！一起玩，真开心！大家一起玩，老师会不会给大大的抱抱呢？（对应幼儿用书 上 第17页） 豆豆要回家了，妈妈给豆豆一个大大的抱抱，豆豆转过身，对老师说："老师，我要给你一个大大的抱抱！"（对应幼儿用书 上 第18～19页） 2. 教师再次分段讲故事，引导幼儿看画面。 每讲到一个翻盖处，都用提问的方式问幼儿："豆豆说什么？"引导幼儿与教师一起用故事里的话回答。 3. 教师再次完整讲故事。启发幼儿，要像豆豆一样，遇到事情用动作和语言来表达。 4. 幼儿自己翻阅图书，教师巡回指导。	8～10
三、综合活动、总结 鼓励幼儿学习豆豆，大胆表达，并对愿意表达的幼儿给予大大的拥抱奖励。	2～3

保教活动评估

1. 能有兴趣地听故事。
2. 能回答教师的提问。

单元名称：好好说

 活动十五：大大的抱抱（二）

领域	语言发展、情感与社会性发展
活动资源	幼儿用书 上 第14～19页
活动目标	1. 能找出故事中的人物：教师、豆豆。 2. 愿意和老师一起翻看图书。

活 动 过 程	时间(分钟)
一、引发动机 教师出示幼儿用书 上"大大的抱抱"，引导宝宝说说故事名称，上面有谁。 教师指着上面的人物，请幼儿说说是谁。说的幼儿给予大大的拥抱。	2～3
二、主要活动 1. 教师边翻阅书讲故事，边在翻盖处重复提问："豆豆说了什么？"请幼儿回答。（说的幼儿给予大大的拥抱） 2. 教师将幼儿用书发给幼儿，让幼儿自由翻看，教师巡回指导。（引发幼儿学说豆豆的话） 3. 教师再次完整讲故事，请幼儿一边翻阅，一边跟说。	8～10
三、综合活动、总结 游戏：大大的抱抱。 教师请幼儿聚到教师身边，边讲故事，边逐一与幼儿拥抱。	2～3

保教活动评估

1. 能说出故事的名称和人物。
2. 能和教师一起翻阅。
3. 能对教师的拥抱有期待。

活动十六：笑脸宝宝（二）

领域	动作发展、艺术表现、情感与社会性发展
活动资源	1. 幼儿用书 上 第 6～7 页 2. 每位幼儿的彩色笑脸大头照片（A4 纸大小）与各种卡通的黑白哭脸宝宝（A4 纸大小）间隔组成一本可翻阅的图片集 3. 歌曲《笑脸宝宝真好看》
活动目标	1. 尝试随着歌曲做相应表情。 2. 增强音乐表现力。

活 动 过 程	时间（分钟）
一、引发动机 1. 教师出示幼儿用书 上"笑脸宝宝"，让幼儿模仿，并告诉幼儿："笑脸宝宝真好看，老师喜欢你。" 2. 出示图片集，让幼儿看看、认认图片上是谁。 3. 边翻图片，边唱歌。	2～3
二、主要活动 1. 教师歌表演，幼儿欣赏。 **笑脸宝宝真好看** $1=C \ \frac{2}{4}$ | 1 3 | 5 — | 1 6 5 | 5 — | 1 3 5 | 5 — | 5 4 3 2 | 1 — | 宝宝哭 了，　不好看　呀，　宝宝笑 了，　大家都喜欢。 启发幼儿想想：老师做的动作表示什么。 2. 教师歌表演，幼儿跟唱。（鼓励幼儿边唱边做动作） 3. 教师表演唱，引发幼儿边跟唱，边跟学表情和动作。 4. 教师逐一到幼儿面前，在歌曲结束时与幼儿抱抱，表示"喜欢"。	8～10
三、综合活动、总结 请幼儿分批站到教师身边表演唱，鼓励每位幼儿都做笑脸宝宝。	2～3

保教活动评估

1. 能有兴趣听和看教师的歌表演。
2. 能根据提示做出笑和哭的表情。
3. 愿意站到教师身边表演。

活动十七：挥挥小手说再见

领域	习惯养成、语言发展、情感与社会性发展
活动资源	1. 幼儿用书㊤第 20～21 页 2. 小动物手偶：小猫、小狗、小猪 3. 儿歌（自创）
活动目标	1. 尝试用语言或动作表达"再见"。 2. 增强沟通交往能力。

活动过程	时间(分钟)
一、引发动机 教师出示学生书"挥挥小手说再见"，说说上面有谁。	2～3
二、主要活动 1. 教师念儿歌： 　　　　　　　　挥挥小手说再见 　　　　　　　　　　　　　　　　　作者：汪丽 　　宝宝来到幼儿园，爸爸挥手说再见。宝宝离开幼儿园，老师挥手说再见。再见再见，明天见，我们挥手说再见。 2. 学学再见的动作。 3. 逐一与幼儿互相挥手说再见。 　● 逐一出示小动物手偶，说说小动物名称。 　● 让幼儿逐一摸摸、抱抱小动物手偶，说："小猫/小狗/小猪，你好！" 　● 小动物之间表演挥手说再见。 　● 请幼儿与小动物分别挥手说再见。	8～10
三、综合活动、总结 教师启发幼儿想想、说说："早上见到老师可以怎么说呢？"	2～3

保教活动评估

1. 能用挥手表示再见。
2. 能对儿歌感兴趣。
3. 愿意使用礼貌用语：再见。

 活动十八：走走跳跳站站好（二）

领域	动作发展、艺术表现	
活动资源	1. 幼儿用书 上 第 10 页 2. 儿歌（自创）	
活动目标	1. 增强身体协调控制能力。 2. 愿意跟随教师和同伴一起律动。	
活 动 过 程		时间（分钟）
一、引发动机 看看、说说幼儿用书 上 "走走跳跳站站好"，学学画面上的动作。 欣赏教师律动，引发幼儿跟学。		2~3
二、主要活动 1. 请幼儿跟念儿歌，并感受韵律。 　　我学老师走——走——， 　　我学小兔跳——跳——， 　　我学马儿跑——跑——， 　　嘀骨碌驾——，嘀骨碌驾——， 　　大家一起站站好——。 2. 幼儿跟着教师的儿歌，模仿动作。 　　教师边念边做律动，幼儿随意模仿。 3. 教师分解动作：走走，跳跳，跑跑，嘀骨碌驾，嘀骨碌驾，站好。 　　重点是"嘀骨碌驾，嘀骨碌驾"，提醒幼儿手和脚都要有动作。 4. 完整做律动，幼儿跟学。 　　教师有节奏地念儿歌，让幼儿跟着节奏做律动。		8~10
三、综合活动、总结 教师和幼儿一起说说其他小动物，并将它们编进律动里。		2~3

保教活动评估

1. 能积极模仿、跟学律动。
2. 能享受律动的乐趣。

活动十九：我的照片在哪里

领域	习惯养成、认知发展、语言发展、情感与社会性发展
活动资源	1. 游戏书上：我的照片在哪里 2. 晨检插牌
活动目标	1. 根据教师指令找到相应的环境区域。 2. 知道各生活区域中自己的照片和相应的物品。 3. 用"这是我的……"句子进行表述。

活动过程	时间(分钟)
一、引发动机 1. 出示晨检插牌,引导幼儿说说,自己的照片在哪里。 2. 教师指照片,请幼儿说说,这是谁。	2～3
二、主要活动 1. 教师请幼儿根据教师指令,找到班级中各个环境区域。 　师："宝宝、宝宝快快找,××(喝水……)区在哪里?"请幼儿用手指出相应的区域方位。 2. 教师引导幼儿分别说说各个环境区域的功能。 　师："宝宝、宝宝快快找,××(喝水……)区在哪里?"请幼儿走到该区域,并一起说说这是哪里,里面有什么。 3. 请幼儿去各个区域找找自己的照片在哪里,学习用"这是我的(杯子)……"句子进行表述。 4. 幼儿分小组自由寻找自己的照片,并请幼儿在找到自己照片后说"这是我的(杯子)……",教师给予表扬。	8～10
三、综合活动、总结 引导幼儿看看游戏书"我的照片在哪里",说说这是什么地方。	2～3

保教活动评估

1. 能根据指令找到相应的区域。
2. 能找到自己的照片和所属物品。
3. 愿意尝试用"这是我的……"句子进行表述。

活动二十：点名说"到"

领域	习惯养成、语言发展、情感与社会性发展
活动资源	1. 幼儿用书 上 第22～23页 2. 游戏书上：点名说"到" 3. 小动物玩偶：小猫、小狗、小猪
活动目标	1. 尝试用举手或语言"到"回应教师的点名。 2. 安静倾听教师点名，知道点到自己名字要有回应。 3. 增强理解能力。

活动过程	时间(分钟)
一、引发动机 出示幼儿用书 上 (点名说"到")，看看、猜猜他们在干什么。	2～3
二、主要活动 1. 逐一出示小动物玩偶，认认说说：这是谁？ 2. 教师示范小动物点名说"到"。 　师："老师用小动物上幼儿园的线索引发小动物点名：小猫、小狗、小猪上幼儿园了，他们高高兴兴地来到幼儿园，坐在老师面前。老师说，点到你的名字你要说'到'，没有点到名的宝宝认真听。记住，只有点到名的宝宝才能说'到'哦！"（教师将三个小动物放在自己面前，逐一点名说"到"。） 3. 教师与幼儿进行点名说"到"。 　让幼儿模仿小动物点名，让幼儿明白，叫到名字才说"到"，没叫到的幼儿一定要认真听。	8～10
三、综合活动、总结 游戏书：点名说"到"玩法：宝宝回家后可以与爸爸妈妈一起练习点名说"到"，正确喊"到"后记得给自己一个大拇指的贴纸。	2～3

保教活动评估

1. 能在教师点到自己的名字时说"到"。
2. 能安静倾听教师点名。
3. 对点名说"到"有兴趣。

单元名称：吃吃喝喝

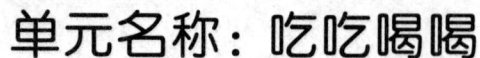

保教活动指南

教导重点

早期教育对于幼儿来说具有重要的意义,科学研究表明：人类生命的最初三年是生长发育的重要时期,此时,大脑发育最快、最具开发潜力,适时的培养和环境的刺激对大脑的发育能产生重要的影响。2~3岁的幼儿对周围的一切充满了好奇,喜欢观察、喜欢提问,喜欢模仿生活中有趣的动作、声音等,而这就是他们的学习。幼儿的学习特点是以直接经验为基础,在游戏和日常生活中进行的。"吃吃喝喝"这个主题的内容恰好是这个年龄段的幼儿非常熟悉的、每天都能经历的事情。在这个主题中,我们设计了很多有趣的游戏引起幼儿的兴趣,通过直接感知、动手操作等方式,让幼儿在游戏中认识常见的水果、蔬菜,用橡皮泥做食物,和同伴一起学习饭前洗手、在固定位置大口吃饭的就餐行为,养成自己吃、专心吃、爱惜食物的良好饮食习惯。

小小提醒

成人可提供给幼儿合适的餐具,鼓励幼儿独立用餐,让幼儿感受到自我服务的喜悦和成就感。成人也要以身作则,摄取多样的饮食,让幼儿从小乐于尝试不同的食物。

单元名称：吃吃喝喝

保教学习内容网

·大肌肉
1. 能在游戏中根据指令双脚离地跳。
2. 乐意学习小刺猬侧身翻滚背果子。

·小肌肉
1. 能用小勺舀珠子喂宝宝。
2. 愿意跟随节奏做包饺子的动作。

·能力
1. 喜欢倾听故事。
2. 喜欢跟着成人念儿歌，理解儿歌内容。

·意愿
1. 乐意表达自己尝过的水果、蔬菜的味道。
2. 愿意回答成人提出的问题。
3. 愿意表达观察到的西瓜外部、内部特征。

·能力
1. 能找出正确用餐的图片。
2. 能找出吃饭用到的餐具。

·意愿
1. 愿意学习正确的方法用餐。
2. 能了解粮食来之不易，愿意爱惜粮食。

·品格
1. 体验喂小动物的乐趣。
2. 体验喂宝宝的快乐。
3. 体验集体过生日的快乐。

·社会互动
愿意尝试表现吃到甜的、酸的、辣的味道的表情。

·欣赏
1. 喜欢倾听并会和成人一起哼唱简单的歌曲。
2. 喜欢听音乐，愿意参与到音乐律动里。

·表现
1. 喜欢随着音乐旋律和节奏做律动。
2. 喜欢玩橡皮泥，会使用多种颜色的橡皮泥随意制作小饼干。
3. 能在纸上画线条或小圆圈。
4. 乐意扮演小鸡吃米。
5. 乐意用贴纸装饰蛋糕。
6. 喜欢给蔬菜涂上颜色。

·能力
1. 能正确表达常见水果的名称。
2. 能回答并进行走迷宫的游戏。
3. 知道常见水果、蔬菜味道的词汇。
4. 能比较3个物体的大小。
5. 能给小动物找出相应的食物，并一一对应摆放。

·意愿
1. 愿意和成人一起说常见蔬菜的名称，并观察其外形特征。
2. 知道小鸡爱吃米。

中心：吃吃喝喝

分支：动作发展、习惯养成、艺术表现、认知发展、情感与社会性发展、语言发展

活动区域布置参考

区域	情 境 布 置
主题活动区域	• 小超市：用各种废旧材料，如饼干包装盒、饮料瓶、洗护用品包装盒等布置成小超市。
生活活动区域	• 准备橡皮泥给幼儿捏饼干、汤圆等食物； • 准备废纸给幼儿撕面条等； • 废旧的药瓶投放在此，提供幼儿拧、盖瓶盖的游戏。
艺术活动区域	准备颜料，用胡萝卜或菜根雕成圆形、爱心、方形等形状，提供幼儿玩印章游戏。
角色活动区域	• 小勺、小碗等厨房用具，水果、蔬菜、面包等娃娃家用的食物玩具； • 活动十四用的"纸盒宝宝"可以投放在此，提供幼儿喂宝宝吃饭的游戏。
语言活动区域	• 活动四和活动六中儿歌和图片投放在此，可以结合娃娃家等区域一起游戏。
建构活动区域	• 各种形状的废旧纸盒子，提供幼儿搭建的游戏。

单元名称：吃吃喝喝

月学习活动建议表

	星期一	星期二	星期三	星期四	星期五
第一周	**活动一** 快来吃呀（一）	**活动二** 大象吃水果	**活动三** 小猪睡觉（一）	**活动四** 做饼干	**活动五** 味道
第二周	**活动六** 吃饭歌	**活动七** 水果跳	**活动八** 最大和最小	**活动九** 怎样吃饭才正确？	**活动十** 小鸡饿了
第三周	**活动十一** 快来吃呀（二）	**活动十二** 喜欢吃什么	**活动十三** 生日快乐	**活动十四** 我来喂宝宝	**活动十五** 小刺猬背果子
第四周	**活动十六** 包饺子	**活动十七** 蔬菜躲猫猫	**活动十八** 小猪睡觉（二）	**活动十九** 古诗《悯农》	**活动二十** 大西瓜

活动一：快来吃呀(一)

领域	语言发展、习惯养成、情感与社会性发展
活动资源	1. 娃娃手偶一个 2. 幼儿用书 第2～7页
活动目标	1. 喜欢倾听故事。 2. 感受故事的乐趣。

活动过程	时间(分钟)
一、引发动机 1. 教师出示娃娃手偶，和幼儿打招呼，也请幼儿和娃娃打招呼。 2. 教师拿着娃娃，模仿娃娃对幼儿说："你们好，很高兴认识大家，可是最近我遇上麻烦了，因为我总是吃不下饭，也吃不下菜，你们能帮帮我吗？"	2～3
二、主要活动 1. 教师请幼儿说说怎么才能帮助娃娃。幼儿回答后，教师回应："谢谢大家的帮忙，老师这里也有个好办法，我们一起来看看。" 2. 教师出示学生书告诉幼儿："这里有个故事，我们一起看看故事，能怎样帮助娃娃呢？"老师翻到故事页面"快来吃呀"，引导幼儿："看看上面有谁，他们在做什么呢？" 3. 教师边翻阅书，边有表情地完整讲故事。 快来吃呀！ 白米饭大声说："快来吃我呀！" 两位小朋友听到米饭的声音，非常惊讶。(对应幼儿用书 上2 第2页) 乐乐和欣欣开始大口大口吃饭，刚上来的蔬菜大声说："快来吃我吧！" 乐乐和欣欣听到声音都惊讶地看着蔬菜。(对应幼儿用书 上2 第3页) 乐乐和欣欣开始大口大口吃蔬菜， 刚上来的肉丸大声说："快来吃我吧！乐乐听到声音惊讶地看着肉丸，非常想尝一尝。(对应幼儿用书 上2 第4页) 乐乐和欣欣大口大口吃肉丸，大口大口吃饭，大口大口吃蔬菜，美美地享受着午餐。(对应幼儿用书 上2 第5页) 乐乐和欣欣吃得饱饱的，把饭菜都吃光啦，好开心！(对应幼儿用书 上2 第6～7页) 教师提问："欣欣和乐乐在做什么呢？他们是怎样吃饭的呀？"	8～10

续 表

活 动 过 程	时间(分钟)
4. 教师再次分段讲故事,引导幼儿感受故事里宝宝听到饭、菜说话的惊奇。 　　教师提问:"故事里的饭和菜都说什么了?" 5. 教师再次完整讲故事,启发幼儿感受故事里宝宝吃饭、吃菜的快乐。 　　教师提问:"你们觉得娃娃听了这个故事,对她吃饭有帮助吗?有什么样的帮助呢?" 6. 幼儿自己翻阅故事,教师巡回指导。	
三、综合活动、总结 　　鼓励幼儿学习故事里的宝宝,能快乐地吃饭,并感谢大家一起帮助娃娃,想办法解决她的困难。	2~3

保教活动评估

1. 能有兴趣地听故事。
2. 能感受故事里宝宝吃饭的快乐。

活动二：大象吃水果

领域	认知发展、动作发展、语言发展
活动资源	1. 游戏书上：大象吃水果 2. 苹果、香蕉等常见水果的图片 3. 大象手偶1个 4. 每人1支水彩笔
活动目标	1. 能正确表达常见水果的名称。 2. 能回答并完成走迷宫的游戏。

活动过程	时间（分钟）
一、引发动机 教师出示苹果、香蕉、葡萄等常见水果的图片，引导幼儿说说它们都是什么水果。	2～3
二、主要活动 1. 教师提问，请幼儿说说自己喜欢吃什么水果。 2. 教师出示大象手偶并对幼儿说："大家好，我是大象，刚才听了那么多你们爱吃的水果，我都忍不住了，因为我也喜欢吃很多很多水果。可是我迷路了，水果又都在路上等我，请你们帮帮忙，带我找到正确的路，这样我才能吃到所有的水果。" 3. 教师出示游戏书上，翻到"大象吃水果"引导幼儿观察迷宫。 4. 教师示范：怎样帮大象找到正确的路，吃到所有的水果。 5. 请幼儿帮大象找到正确的路，自己在游戏书中尝试走迷宫，教师巡回指导。	8～10
三、综合活动、总结 感谢幼儿帮助大象找到正确的路，吃到所有的水果。	2～3

保教活动评估

1. 能正确表达常见水果的名称。
2. 能感受教师设置的情境，帮助大象走迷宫。

活动三：小猪睡觉（一）

领域	艺术表现、动作发展、情感与社会性发展
活动资源	1. 幼儿用书 ⑫ 第8～9页 2. 小猪手偶1个 3. 歌词、歌曲《小猪睡觉》
活动目标	1. 喜欢倾听，会和成人一起哼唱简单的歌曲。 2. 喜欢随着音乐旋律和节奏做律动。

活 动 过 程	时间（分钟）
一、引发动机 教师出示小猪手偶和幼儿打招呼，引发幼儿兴趣。	2～3
二、主要活动 1. 教师播放歌曲，和幼儿一起欣赏。 小猪睡觉 $1=\flat B$ $\frac{2}{4}$ 刘明将　词曲 $\underline{3\ 5}\ \underline{3\ 5}\ \mid\ \dot{1}\ 5\ \mid\ \underline{3\ 5}\ \underline{3\ 5}\ \mid\ \dot{1}\ 5\ \mid\ \underline{6\ \dot{1}}\ \underline{\dot{1}\ 6}\ \mid\ 5\ 3\ \mid\ \underline{6\ \dot{1}}\ \underline{\dot{1}\ 6}\ \mid$ 小猪 吃得　饱 饱，闭着 眼睛　睡 觉，大耳 朵在　扇 扇，小尾 巴在 $5\ 3\ \mid\ \underline{5\ 5\ 5\ 5}\ \dot{1}\ \mid\ \underline{5\ 5\ 5\ 5}\ \dot{1}\ \mid\ \underline{5\ \dot{1}}\ \underline{5\ 3}\ \mid\ \underline{5\ \dot{1}}\ \underline{5\ 3}\ \mid\ \underline{5\ 1}\ \underline{3\ 2}\ \mid\ 1\ 1\ \parallel$ 摇　摇。咕噜噜噜 噜，咕噜噜噜 噜，咕噜 咕噜，咕噜 咕噜，小尾 巴在 摇　摇。 教师出示幼儿用书 ⑫ 第8～9页，请幼儿边听歌曲，边观察图片，并说说小猪们在做什么。 3. 教师边唱歌曲边表演动作，用丰富的表情吸引幼儿的注意力。 　重点介绍动作： 　第1～2小节：双手轻拍肚皮，做吃饱饱状。 　第3～4小节：双手合掌放于头的一侧，闭上眼睛作睡觉状。 　第5～6小节：双手张开虎口，大拇指对准耳朵，放在头的两侧作弯曲状。 　第7～8小节：双手放在身体后面做尾巴，左右轻轻摇晃身体。 　第9～12小节：双手握拳，平放在胸口，根据歌曲节奏做绕线动作。 　第13～14小节：双手放在身体后面做尾巴，左右轻轻摇晃身体。	8～10

续 表

活 动 过 程	时间(分钟)
4. 请幼儿跟教师一起随着音乐做律动,鼓励幼儿大胆表演。 **三、综合活动、总结** 教师用小猪手偶亲亲幼儿,让幼儿体验一起做律动的快乐。	2~3

保教活动评估

1. 能有兴趣地听歌曲。
2. 能有兴趣模仿动作。

单元名称：吃吃喝喝

 活动四：做饼干

领域	艺术表现、动作发展、认知发展
活动资源	1. 彩色橡皮泥、泥工板和圆形、方形模具每人1份 2. 饼干图片 3. 幼儿用书 上2 第 10～11 页
活动目标	1. 喜欢玩橡皮泥，会使用多种颜色的橡皮泥随意制作小饼干。 2. 愿意尝试用圆形、方形模具制作饼干。 3. 感受玩橡皮泥的快乐。

活动过程	时间(分钟)
一、引发动机 教师出示橡皮泥，请幼儿说说橡皮泥的颜色；请幼儿摸摸、捏捏橡皮泥，激发幼儿的活动兴趣。	2～3
二、主要活动 1. 教师出示饼干图片，引导幼儿观察饼干的大小、形状。 2. 教师出示幼儿用书 上2 "做饼干"，请幼儿仔细观察做饼干步骤，并示范做饼干的方法：将一团橡皮泥分成若干小份，取一小团橡皮泥揉一揉，捏一捏，压一压，随意做成一块小饼干。 3. 请幼儿随意制作小饼干，鼓励幼儿大胆揉、搓、捏橡皮泥。 4. 教师出示圆形、方形模具，提问："宝宝，这是什么？是什么形状呢？" 教师对幼儿说："这是模具，它们是橡皮泥的好朋友，本领可大了！来看看它是怎么帮助我们做饼干的。" 5. 教师示范怎样用模具做饼干。 6. 请幼儿尝试用圆形、方形模具制作饼干。	8～10
三、综合活动、总结 鼓励幼儿大胆尝试用橡皮泥做饼干，并提醒幼儿活动结束后，将操作材料、工具整理好。	2～3

保教活动评估

1. 用多种颜色的橡皮泥随意制作小饼干。
2. 愿意尝试用圆形、方形模具制作饼干。
3. 活动结束后，愿意将操作材料、工具整理好。

活动五：味道

领域	认知发展、语言发展、情感与社会性发展
活动资源	1. 游戏书上：味道 2. 草莓、葡萄、苦瓜、辣椒的图片
活动目标	1. 知道常见水果、蔬菜味道的词汇。 2. 乐意表达自己尝过的水果、蔬菜的味道。 3. 愿意尝试表现吃到甜的、酸的、辣的味道的表情。

活 动 过 程	时间(分钟)
一、引发动机 教师出示准备好的水果蔬菜的图片，引导幼儿说说这是什么。	2~3
二、主要活动 1. 教师提问，请幼儿说说：喜欢吃什么水果，都是什么味道呢？ 　教师请幼儿尝试做做吃到甜的、酸的味道的表情。 2. 教师继续提问，请幼儿说说：喜欢吃什么蔬菜？ 　● 教师再次出示苦瓜的图片，问："这是什么蔬菜啊？你们吃过吗？" 　● 教师对幼儿说："这是苦瓜，它的味道是苦的。" 　● 教师请幼儿尝试做做吃到苦的味道的表情。 3. 教师出示游戏书上，翻到"味道"，引导幼儿说说西瓜、柠檬、辣椒的味道。	8~10
三、综合活动、总结 鼓励幼儿多吃水果和蔬菜，身体养得棒棒的。	2~3

保教活动评估

1. 能正确表达常见水果、蔬菜味道的词汇。
2. 愿意尝试表现吃到甜的、酸的、辣的味道的表情。

活动六：吃饭歌

领域	语言发展、习惯养成、认知发展
活动资源	1. 游戏书上：找找看 2. 宝宝吃饭的图片1张 3. 每人1支水彩笔 4. 儿歌《吃饭歌》（改编）
活动目标	1. 喜欢跟着成人念儿歌，理解儿歌内容，知道正确的进餐方法。 2. 能找出吃饭需要用到的餐具。

活动过程	时间(分钟)
一、引发动机 教师出示宝宝吃饭的图片，引导幼儿说说：看到谁？他在做什么？	2~3
二、主要活动 1. 教师念儿歌： 　　　　　　　　吃饭歌（改编） 　　　　　　　　　　　　　　　改编：陈丽霞 　　小饭碗，扶扶好；小勺子，拿拿牢；一口饭，一口菜；啊呜啊呜吃饱饱。 2. 教师边念儿歌边引导幼儿学做动作。 　　第一分句动作：双手扶碗； 　　第二分句动作：一手拿勺； 　　第三分句动作：拿勺舀饭； 　　第四分句动作：嘴巴张开、合上做吃饭状。 3. 教师请几位幼儿上来表演儿歌。 4. 大家一起边念儿歌，边做动作。 5. 教师出示游戏书上"找找看"，引导幼儿观察此页图片，说说吃饭时需要用到什么餐具。 6. 请幼儿找找看餐具有哪些，并学习用笔做标记，教师巡回指导。	8~10
三、综合活动、总结 教师启发幼儿想想、说说："怎么样吃饭才是正确的呢？"	2~3

保教活动评估

1. 喜欢念朗朗上口的儿歌。
2. 愿意学习正确的吃饭动作。

活动七：水果跳

领域	情感与社会性发展、动作发展、语言发展
活动资源	1. 幼儿用书第12～13页 2. 能站3～4个幼儿的苹果、桃子、西瓜图片(大图片)各一张 3. 每人一个苹果、桃子或西瓜胸贴(小图片)
活动目标	1. 能在游戏中根据指令双脚离地跳。 2. 体验和同伴一起游戏的快乐。

活动过程	时间(分钟)
一、引发动机 教师请幼儿说说自己喜欢吃什么水果，引出活动。	2～3
二、主要活动 1. 教师出示苹果、桃子和西瓜胸贴，请幼儿自选一枚喜欢的水果胸贴。 2. 幼儿开始学习游戏：水果跳。 • 教师对幼儿说："今天，我们要和水果一起玩游戏。你拿了苹果就扮演苹果宝宝，拿了西瓜就扮演西瓜宝宝，拿了桃子就扮演桃子宝宝。老师说哪个水果跳，哪个水果宝宝就跳一下，听明白了吗？" • 教师念游戏指令：苹果跳，苹果跳，苹果跳完西瓜跳；西瓜跳，西瓜跳，西瓜跳完桃子跳；桃子跳，桃子跳，桃子跳完苹果跳。 • 请幼儿翻开幼儿用书"水果跳"，观察图片，巩固对游戏顺序的认识。 • 教师请扮演苹果、西瓜、桃子的幼儿各1位上来演示游戏。 • 教师另外请更多的幼儿上来再次学习游戏。 • 请所有幼儿站起来一起听指令玩游戏。 3. 教师出示苹果、桃子、西瓜的大图片，请幼儿帮忙放到地面上。 4. 请幼儿各自站到扮演的水果上，再次玩游戏。	8～10
三、综合活动、总结 教师和幼儿一起说说其他水果，并把它们编进游戏里。	2～3

保教活动评估

1. 能根据指令双脚离地跳。
2. 喜欢和同伴一起玩游戏。

 活动八：最大和最小

领域	认知发展、语言发展	
活动资源	1. 幼儿用书 L2 第 16 页 2. 成人穿的 T 恤和幼儿穿的 T 恤各一件 3. 大球、中等大小的球、小球各 1 个 4. 每人一支水彩笔	
活动目标	1. 能比较 3 个物体的大小。 2. 乐意表达自己的想法。	
活 动 过 程		时间(分钟)
一、引发动机 教师出示一件大大的 T 恤（成人穿的）和一件小小的 T 恤（幼儿穿的），并请幼儿说说它们的不同之处（主要是大和小）。		2～3
二、主要活动 1. 教师请幼儿说说：哪些东西是大大的，哪些东西是小小的。 2. 教师出示大球、中等大小的球和小球，请幼儿说说，哪个大，哪个小。 3. 教师出示幼儿用书 L2，翻到"最大和最小"，引导幼儿观察内容。 4. 教师引导幼儿找找图片中最大的和最小的实物，并用笔做标记，教师巡回指导。		8～10
三、综合活动、总结 教师和幼儿一起说说、做做，可以用什么动作表现大和小。		2～3

保教活动评估

1. 能比较 3 个物体的大小。
2. 乐意表达自己的想法。

活动九：怎样吃饭才正确？

领域	习惯养成、语言发展、情感和社会性发展
活动资源	1. 幼儿用书上第 14～15 页 2. 游戏书上：笑脸宝宝点个赞
活动目标	1. 能找出正确用餐的图片。 2. 愿意学习正确的方法用餐。 3. 愿意表达自己的想法。

活动过程	时间(分钟)
一、引发动机 复习《吃饭歌》，引出活动。	2～3
二、主要活动 1. 教师请几名幼儿上来表演《吃饭歌》，表扬他们把吃饭的动作表演得很正确。 2. 教师表扬班里吃午餐表现好的幼儿，鼓励其他幼儿继续努力学习怎样正确地吃饭。 3. 教师出示学生书翻到"怎样吃饭才正确？"，引导幼儿观察内容。 4. 教师引导幼儿找到图中做对的幼儿并给他贴上游戏书中的笑脸贴纸，说说图中幼儿做得不对的地方，教师巡回指导。	8～10
三、综合活动、总结 教师请幼儿说说，吃完饭后要做哪些事情（擦擦小嘴、把餐具送回家、漱漱口）。	2～3

保教活动评估

1. 能找出正确的用餐图片。
2. 愿意学习正确的方法用餐。

活动十：小鸡饿了

领域	艺术表现、动作发展、认知发展
活动资源	1. 游戏书上：小鸡饿了 2. 小鸡手偶 1 个 3. 多种米粒（大米、小米、黑米等）的图片 1 张 4. 每人 1 支水彩笔
活动目标	1. 能在纸上画线条或小圆圈。 2. 乐意扮演小鸡吃米。 3. 知道小鸡爱吃米。

活动过程	时间（分钟）
一、引发动机 教师出示小鸡手偶和幼儿打招呼，也请幼儿和小鸡打招呼。	2～3
二、主要活动 1. 教师请幼儿说说，小鸡爱吃什么。 2. 教师引导幼儿扮演小鸡，两手的食指做出尖尖的姿势放在小嘴边。 3. 教师请幼儿扮演小鸡到教室一角找米吃。 4. 教师出示游戏书上，翻到"小鸡饿了"，引导幼儿观察内容。 5. 教师提问："小鸡们好饿啊，我们要怎么帮助小鸡呢？" 6. 教师回应幼儿："对，我们要给小鸡喂些米粒。"教师出示有多种米粒的图片，请幼儿观察，说说米粒的大小、形状、颜色等。 7. 请幼儿自己尝试画米粒，老师巡回指导。	8～10
三、综合活动、总结 教师总结："感谢你们帮忙画了那么多的米粒，现在小鸡们都吃的饱饱啦。"	2～3

保教活动评估

1. 乐意扮演小鸡吃米。
2. 能在纸上画线条或小圆圈。

活动十一：快来吃呀（二）

领域	语言发展、习惯养成、动作发展
活动资源	1. 幼儿用书第 2～7 页 2. 真实的午餐饭菜的图片一张
活动目标	1. 愿意回答成人提出的问题。 2. 愿意学说"快来吃呀"。 3. 愿意和教师一起翻看图书。

活动过程	时间(分钟)
一、引发动机 1. 教师出示学生书并翻到故事页面"快来吃呀"，引导幼儿说说：故事的名称、画面上有谁？ 2. 教师引导幼儿观察幼儿用书上第 2 页，说说：他们在做什么？	2～3
二、主要活动 1. 教师边翻书讲故事（同活动一），边指着拟人化的蔬菜、肉提问："蔬菜、肉说了什么？请幼儿回答。 2. 回答"快来吃呀"的幼儿，教师夸张回应：大口大口吃米饭（蔬菜、肉）并做动作。 3. 教师将幼儿用书上发给幼儿，让幼儿自由翻看，老师巡回指导。引导幼儿学说："快来吃呀！"并学做大口大口吃米饭（蔬菜、肉）的动作。 4. 教师出示真实饭菜的图片，请幼儿说说图片的内容并说说自己喜欢吃的饭菜有哪些。	8～10
三、综合活动、总结 请幼儿学做"快乐地吃饭""吃得饱饱后放松"的样子。	2～3

保教活动评估

1. 能说出故事名称和人物名字。
2. 能学说"快来吃呀"。
3. 能和教师一起翻看故事书。

单元名称：吃吃喝喝

 活动十二：喜欢吃什么

领域	认知发展、语言发展、情感与社会性发展
活动资源	1. 幼儿用书 上2 第17页 2. 小狗、小猫、小兔图片各一张 3. 每人1支水彩笔
活动目标	1. 能给小动物找出相应的食物，并一一对应摆放。 2. 体验喂小动物的乐趣。

活动过程	时间(分钟)
一、引发动机 教师出示小狗图片，扮演小狗和幼儿打招呼，也引导幼儿和小狗打招呼。	2～3
二、主要活动 1. 教师告诉幼儿："今天除了小狗来看大家，还有小猫和小兔也来了，我们一起请它们出来吧。" 2. 教师请幼儿一起大声说："小猫、小猫请出来。小兔、小兔请出来。" • 教师把小狗、小猫、小兔的图片贴在小黑板上，告诉幼儿，现在要请大家帮帮忙，因为小狗、小猫、小兔都饿了，请大家说说，它们分别喜欢吃什么呢？ • 表扬愿意回答和答对的幼儿。 3. 教师出示幼儿用书 上2 翻到"小动物开饭啦"，引导幼儿观察页面内容。 4. 教师请幼儿帮忙给小狗、小猫、小兔找到喜欢吃的东西。 5. 请幼儿说一说其他动物和它们喜欢吃的食物。	8～10
三、综合活动、总结 教师感谢幼儿帮忙动物们找到自己喜欢吃的食物。	2～3

保教活动评估

1. 能给小动物找出它们喜爱的食物，并一一对应。
2. 愿意帮忙，体验喂动物的乐趣。

活动十三：生日快乐

领域	艺术表现、语言发展、情感与社会性发展
活动资源	1. 游戏书上：生日快乐 2. 歌曲《生日快乐》 3. 小动物过生日的图片（戴生日帽、有蛋糕等）。
活动目标	1. 体验集体过生日的快乐。 2. 乐意用贴纸打扮蛋糕。

活动过程	时间（分钟）
一、引发动机 教师出示一张小动物过生日的图片，引导幼儿说说图片中有谁，他们在做什么。	2~3
二、主要活动 1. 教师提问，请幼儿说说：过生日需要哪些东西，要做哪些事情。 2. 教师请本月出生的幼儿上来，并对大家说："××、×××、××都是这个月出生的，我们一起给他们过生日好不好？"让我们一起唱《生日快乐》吧！（教师播放《生日快乐》）	8~10

祝你生日快乐
Happy Birthday to You

[乐谱：1=F 3/4
5 5 6 5 1 7 — 5 5
Hap-py birth-day to you, Hap-py
祝 你 生 日 快 乐， 祝 你

6 5 2 1 — 5 5 5 3 1
birth day to you, Hap-py birth-day to
生 日 快 乐， 祝 你 生 日 快]

活动过程	时间(分钟)
 大家一起说祝××、×××、×××生日快乐！ 3. 教师出示游戏书上，翻到"生日快乐"并对幼儿说："我们的蛋糕来啦！可是这些蛋糕还需要我们打扮打扮，让我们动起手来吧。" 4. 教师示范怎样打扮蛋糕，请幼儿用贴纸打扮蛋糕，教师巡回指导。 **三、综合活动、总结** 在《生日快乐》的音乐声中结束活动。	2~3

保教活动评估

1. 体验集体过生日的快乐。
2. 乐意用贴纸打扮蛋糕。

活动十四：我来喂宝宝

领域	动作发展、情感和社会性发展	
活动资源	1. 小珠子若干 2. 小碗、小盘、小勺每人一份 3. 纸盒宝宝每人一个 	
活动目标	1. 能用小勺舀珠子喂宝宝。 2. 体验喂宝宝的快乐。	
活 动 过 程		时间(分钟)
一、引发动机 教师拿出一碗珠子(盖住碗口)左右摇晃,请幼儿猜猜这是什么？		2～3
二、主要活动 1. 教师拿出一个空盘,将珠子倒入盘中,拿起勺子示范舀珠子到碗里。 2. 将小盘、小碗、小勺发给每位幼儿,请幼儿尝试用勺子舀珠子到碗里。 3. 教师出示纸盒宝宝,对幼儿说："纸盒宝宝张大嘴巴等着大家来喂它呢,请你们帮帮忙吧。" 4. 将纸盒宝宝发给每位幼儿,请幼儿喂喂纸盒宝宝,教师巡回指导。		8～10
三、综合活动、总结 教师："感谢幼儿帮忙喂纸盒宝宝,现在他们都吃得饱饱啦。" 请幼儿跟着教师将小盘、小碗、小勺和纸盒宝宝放回原处。		2～3

保教活动评估

1. 能用小勺舀珠子喂宝宝。
2. 体验喂宝宝的快乐。

活动十五：小刺猬背果子

领域	动作发展、认知发展、情感与社会性发展
活动资源	1. 小刺猬手偶1个 2. 长方形垫子1个 3. 苹果、草莓等水果图片（贴上双面胶）若干 4. 游戏书：小刺猬背果子
活动目标	1. 乐意学习小刺猬，能侧身翻滚背果子。 2. 能手口一致点数3以内的数字。

活动过程	时间(分钟)
一、引发动机 教师出示小刺猬和幼儿打招呼，也请幼儿和小刺猬打招呼。	2~3
二、主要活动 1. 教师告诉幼儿，小刺猬今天要去背果子，并请幼儿猜猜：小刺猬会用什么办法背果子呢？ 2. 教师带幼儿来到准备好的垫子前，垫子上面散落着许多水果图片。教师告诉幼儿："现在我们学学小刺猬来背果子吧！" 3. 教师示范小刺猬背果子的方法：先蹲下，然后侧身滚一滚，身体尽量往有水果的地方滚，最后双脚着地爬起来。请幼儿数数，教师背到几个水果，并帮教师取下来。 4. 请幼儿一个一个尝试学小刺猬背果子，提醒幼儿互相帮忙数水果并取下水果。 5. 请幼儿回到位置休息，表扬大家："都背了这么多的水果，我们一起听听音乐放松放松吧。" 延伸活动：游戏书"小刺猬背果子"。	8~10
三、综合活动、总结 教师："今天大家做了回小刺猬，都学会'小刺猬背水果'这个本领啦，真棒！小刺猬下次还会请我们帮忙呢！"	2~3

保教活动评估

1. 能乐意学习小刺猬，能侧身翻滚背果子。
2. 能手口一致点数3以内的数字。

活动十六：包饺子

领域	语言发展、动作发展
活动资源	1. 幼儿用书第 20 页 2. 儿歌《包饺子》
活动目标	1. 喜欢念儿歌。 2. 愿意跟随节奏做包饺子的动作。

活动过程	时间（分钟）
一、引发动机 教师出示幼儿用书翻到"包饺子"，引导幼儿说说看到谁？她在做什么？	2～3
二、主要活动 1. 教师念儿歌 《包饺子》 改编：陈丽霞 切切，切菜菜；揉揉，揉面团；捏捏，包饺子；啊呜啊呜，煮熟了全吃光。 2. 教师边念儿歌边引导幼儿学习做动作。 　第一分句动作：左手掌伸直平放，右手做刀状在右手掌上做切菜动作； 　第二分句动作：两手五指向前做揉面团的动作； 　第三分句动作：两手五指相合，做捏饺子的动作； 　第四分句动作：两手做"将饺子放入嘴巴吃饺子"的动作。 3. 老师请几位幼儿上来表演儿歌。 4. 大家一起边念儿歌，边做动作。	8～10
三、综合活动、总结 教师启发幼儿想想、说说："面团除了可以做饺子，还可以做哪些食物呢？"	2～3

保教活动评估

1. 喜欢念儿歌。
2. 愿意跟随节奏做包饺子的动作。

活动十七：蔬菜躲猫猫

领域	认知发展、语言发展、艺术表现
活动资源	1. 幼儿用书 上2 第 18～19 页 2. 游戏书：涂涂看 3. 青菜、白萝卜等常见蔬菜的图片 4. 一片青菜地图片和挖白萝卜的图 5. 红色、绿色、紫色水彩笔每人 1 支
活动目标	1. 愿意和成人一起说常见蔬菜的名称，并观察其外形特征。 2. 喜欢玩躲猫猫的游戏。 3. 喜欢给蔬菜涂上颜色。

活动过程	时间(分钟)
一、引发动机 教师出示青菜图片，引导幼儿说说："这是什么蔬菜？这是什么颜色？你们爱吃青菜吗？谁爱吃青菜呢？"	2～3
二、主要活动 1. 教师提问，请幼儿说说青菜长在哪里。 2. 教师出示一片青菜地的图片，引导幼儿观察：青菜长在菜地上。 3. 教师出示白萝卜图片，请幼儿说说："这是什么蔬菜？这是什么颜色？它是什么形状的呢？" 继续请幼儿猜猜萝卜长在哪里？ 4. 教师出示菜地里大人挖萝卜的图片，引导幼儿观察：萝卜长在泥土里。 5. 教师出示幼儿用书 上2 ，翻到"蔬菜躲猫猫"告诉幼儿：这里有不同的蔬菜要和大家玩躲猫猫的游戏。 6. 教师示范躲猫猫的游戏：先问"猜猜我是谁？"，然后用手翻开盖上的页面，回答"嘿，我是西红柿（黄瓜、胡萝卜、土豆）"。 7. 请幼儿自己尝试玩和蔬菜躲猫猫的游戏，教师巡回指导。 8. 教师出示游戏书：涂涂看，请幼儿观察，说说他们看到什么蔬菜？这些蔬菜是什么颜色的呢？ 9. 请幼儿为蔬菜涂上不同的颜色，教师巡回指导。	8～10
三、综合活动、总结 教师总结："今天大家认识了这么多的蔬菜，不仅和蔬菜玩游戏，还给蔬菜涂色，蔬菜已经很喜欢你们啦！希望大家经常来和蔬菜玩躲猫猫的游戏哦！"	2～3

保教活动评估

1. 愿意和成人一起说常见蔬菜的名称,并观察其外形特征。
2. 喜欢和蔬菜玩躲猫猫的游戏。
3. 能给常见蔬菜涂上颜色。

活动十八：小猪睡觉（二）

领域	认知发展、动作发展、语言发展
活动资源	1. 幼儿用书上2第7~8页 2. 小猪手偶1个 3. 老师课前准备好歌曲音频
活动目标	1. 喜欢听音乐，愿意参与到音乐律动里来。 2. 愿意扮演小猪，感受和大家一起玩游戏的快乐。

活动过程	时间(分钟)
一、引发动机 教师出示小猪手偶和幼儿打招呼，也请幼儿和小猪打招呼。	2~3
二、主要活动 1. 教师请幼儿翻开幼儿用书上2第8~9页，回忆《小猪睡觉》的歌曲与歌词，并边放歌曲，边表演动作（动作解析见活动三）。 2. 请幼儿和教师一起随着音乐做律动。 3. 教师表扬认真做律动的幼儿。请幼儿来扮演小猪，可以选择扮演吃饱的小猪、睡觉的小猪、扇耳朵的小猪、摇尾巴的小猪。 4. 分组后，请幼儿在听到"吃得饱饱"（睡觉、耳朵扇扇和尾巴摇摇）时，吃饱的小猪（睡觉的小猪、扇耳朵的小猪、摇尾巴的小猪）做轻拍肚皮（睡觉、扇耳朵、摇尾巴）的动作。 5. 重点解释：所有幼儿听到"呼噜呼噜……"时做"双手握拳，平放在胸口，根据歌曲节奏做绕圈"的动作。 6. 教师播放音乐，请幼儿尝试表演游戏，教师指导。	8~10
三、综合活动、总结 教师表扬、鼓励大家的表演，问问幼儿："听到'呼噜呼噜……'时，我们还可以用什么动作来表现呢？"（比如转圈等）	2~3

保教活动评估

1. 喜欢听音乐，愿意参与到音乐律动里来。
2. 愿意扮演小猪，感受和大家一起玩游戏的快乐。

活动十九：古诗《悯农》

领域	语言发展、习惯养成
活动资源	1. 幼儿用书第 21 页 2. 吃饭剩饭很多、水果吃到一半扔掉的图片若干
活动目标	1. 愿意听且跟着念古诗，能理解古诗大意。 2. 能了解粮食来之不易，愿意爱惜粮食。

活动过程	时间（分钟）
一、引发动机 教师出示小朋友吃饭剩饭很多的图片，引导幼儿说说他在干什么。	2～3
二、主要活动 1. 教师提问："他这么做对吗？为什么？" 2. 教师出示小孩水果吃到一半扔掉的图片，请幼儿说说：他在做什么？这么做对吗？为什么？ 教师小结："大家说的对，我们要爱惜食物，饭要吃完，如果吃不完，在吃饭前可以少盛点饭。水果也要尽量吃完，如果吃不完，在吃水果前先切开来和大家分享。" 3. 教师出示幼儿用书，翻到《悯农》，引导幼儿观察内容。 4. 教师介绍古诗《悯农》。告诉幼儿：在"爷爷的爷爷，爷爷的爷爷"的时候，有一首诗就告诉我们要爱惜粮食，让我们一起来听听吧。 5. 教师完整念古诗一遍。 6. 请幼儿跟着教师一起念《悯农》。	8～10
三、综合活动、总结 请幼儿观察古诗图片，说说看到了什么。 ● 教师总结："大家说得都很好，特别是××说看到老伯伯种菜累了，在擦汗。这说明伯伯种粮食、种蔬菜很辛苦，所以我们都要好好珍惜食物。"	2～3

保教活动评估

1. 愿意听且跟着念古诗，能理解古诗大意。
2. 能了解粮食来之不易，愿意爱惜粮食。

活动二十：大西瓜

领域	语言发展、艺术表现
活动资源	1. 游戏书上：大西瓜 2. 西瓜一个
活动目标	1. 愿意表达观察到的西瓜外部、内部特征。 2. 乐意给西瓜画上花纹。

活 动 过 程	时间(分钟)
一、引发动机 1. 教师对幼儿说："夏天到了，我们经常会吃一种水果，请你猜猜看，是什么水果？" 2. 教师说出谜面："身穿绿衣裳，肚里水汪汪，生的子儿多，个个黑脸膛。"请幼儿猜水果名。幼儿回答后，老师回应："对，就是西瓜。"	2~3
二、主要活动 1. 教师出示大西瓜，让幼儿摸一摸，看一看，并提问："西瓜是什么形状？什么颜色？摸上去感觉怎么样？"幼儿回答后，教师小结："西瓜是圆圆的，绿绿的，上面有黑色的条纹，摸上去是光滑的。" 2. 教师把西瓜切开，引导幼儿观察："请大家看看，切开的西瓜是什么形状的？西瓜瓤是什么颜色？里面有什么？" 幼儿回答，教师小结："切开的西瓜看上去像只小船，是半圆形的。里面的西瓜瓤是红色的，上面有黑色的西瓜籽。" 3. 教师对幼儿说："现在我们来学一学画西瓜吧！"教师示范给西瓜的外壳画上花纹，从西瓜的上面开始画线，线条扭一扭，一直扭到西瓜的下面，在线的旁边再扭一根线。隔开一段，再扭几根线，西瓜的花纹就画好了。 4. 教师出示游戏书上"大西瓜"引导幼儿尝试画西瓜的花纹，教师巡回指导。	8~10
三、综合活动、总结 教师总结："谢谢宝宝们给西瓜画上漂亮的花纹，现在让我们一起尝一尝西瓜吧！"（吃西瓜前提醒幼儿洗手）	2~3

保教活动评估

1. 愿意表达观察到的西瓜外部、内部特征。
2. 乐意给西瓜画上花纹。

单元名称：穿穿脱脱

保教活动指南

教导重点

宝宝已经两岁啦。小家伙越来越能干了：会自己进食，能够用杯子喝水。随着幼儿小手精细动作能力的发展，他们的小手开始尝试着做越来越多的事情。

而这一时期，幼儿的独立意识也开始萌芽：他们愿意动手做自己的小主人，希望自己吃饭，乐意自己洗脸……无疑，这是培养幼儿自理能力的最佳时期。"穿穿脱脱"这一主题旨在帮助幼儿了解穿、脱衣服、裤子和鞋、袜的方法和正确顺序；通过分辨衣服的长短、厚薄让幼儿萌发根据天气变化选择衣物的意识，促进自理能力进一步发展。同时，故事和儿歌的出现，以有趣的情节、朗朗上口的内容鼓励他们自己动手，在养成健康生活习惯的同时享受着自我服务的乐趣和成功感。这一主题中我们也融入了一些中国传统元素，比如对中国特有服饰旗袍、唐装的欣赏和印章画创作。

"穿穿脱脱"这一主题主要关注幼儿如下能力的发展：
1. 乐意自己或在成人的帮助下穿脱鞋袜、衣服和裤子。
2. 认识并能说出常见的衣物名称。
3. 能够正确分辨上、下方位。
4. 能够双脚同时跳起。

小小提醒

教师可搜集有关穿穿脱脱内容的儿歌，帮助幼儿在倾听和诵念儿歌的过程中，在一日生活的各个环节中，自然而然地了解穿脱衣物的正确方法和顺序。

单元名称：穿穿脱脱

保教学习内容网

- **大肌肉**
1. 尝试双脚同时跳起的动作。
2. 能够双脚同时跳起。
- **小肌肉**
1. 尝试用印章对空白的旗袍进行装饰。
2. 能够通过团、捏的方法制作橡皮泥小帽子。
3. 能够用线条将爸爸、妈妈和宝宝与他们对应的衣物连起来。
4. 尝试用棉签点一点的方法装饰裤子；乐意用棉签点画的方式进行创作。

- **能力**
1. 了解穿衣服、裤子和鞋、袜的先后顺序。
2. 能够自己脱套头衫。
3. 能够自己穿裤子。
4. 能够把衣物放置在正确的位置。
5. 知道午睡时衣物的固定位置，并能够在午睡前把自己的衣物放在固定位置不乱丢。
- **意愿**
1. 乐意自己穿鞋。
2. 愿意自己穿衣服、裤子和鞋、袜。
3. 乐意自己脱衣物，不依赖教师的帮助。
4. 知道操作橡皮泥后要洗手。

- **欣赏**
1. 欣赏旗袍和唐装的美。
2. 感受创作印章画的乐趣。
- **表现**
1. 尝试用印章给空白的旗袍进行装饰。
2. 能够通过团、捏的方法制作橡皮泥小帽子。
3. 能够跟随音乐节奏，模仿教师的动作进行律动。
4. 乐意用棉签点画的方式进行创作。

- **能力**
1. 理解故事主要内容，知道衣物的正确穿法。
2. 能够说出"最大""最小"，知道它们的含义。
3. 了解并能够说出几种常见衣物的名称：T恤、短裤、长裤、棉衣、围巾、帽子。
4. 能够说出儿歌的简单语句。
5. 学说语句"我会自己穿**"。
6. 能够说出衣物的名称。
- **意愿**
1. 享受聆听故事的乐趣。
2. 乐意说说儿歌中的语句。
3. 乐意自己翻阅故事。

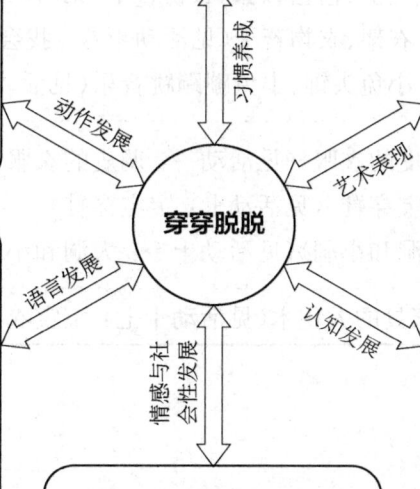

- **品格**
1. 能够坚持完成律动活动。
2. 乐意参与律动活动，情绪愉快。
3. 乐意自己脱衣物，不依赖教师的帮助。
- **社会互动**
愿意跟随教师一同进行律动。

- **能力**
1. 能够分辨不同天气（夏天和冬天）的衣物。
2. 了解中国特有的服装：旗袍和唐装。
3. 通过对身体部位的感知尝试分清上、下的空间方位。
4. 能够分辨鞋子的前后，尝试分辨鞋子的左右。
5. 认识鞋子的三个部位：鞋头、鞋跟和鞋帮。
6. 能够分辨帽子、衣服、裤子、鞋子的上下方位。
7. 能够根据衣物的明显特征区分爸爸、妈妈和宝宝的衣物。
- **意愿**
1. 尝试比较三条裤子的大小。
2. 尝试分辨鞋子的左右。
3. 愿意模仿小兔子的动作，与同伴一同参加律动活动。

055

活动区域布置参考

区域	情境布置
主题活动区域	• 旗袍、唐装图片（见活动四：美丽的中国服饰） • 海报：大大的和小小的（见活动二：大大小小） • 海报：薄薄、厚厚的衣物（见活动三：薄薄厚厚）
生活活动区域	• 衣服、裤子、鞋、帽等衣物分类（见活动十七：宝宝衣物宝宝放） • 冬天的衣物和夏天的衣物分类（见活动三：薄薄厚厚）
美工活动区域	• 印章画：旗袍、唐装的简笔画和印章、各色印泥（见活动九：小小设计师） • 橡皮泥：各色橡皮泥、简单步骤图（见活动十三：可爱的帽子） • 棉签画：棉签、各色颜料、小抹布（见活动十九：好看的裤子）
角色活动区域	• 娃娃家：宝宝、爸爸、妈妈衣物若干（见活动十五：宝宝来帮忙） • 干洗店：衣架、衣物若干（见活动十八：我会自己晾衣服） • 小舞台：小兔头饰、小兔蹦蹦跳音乐（见活动十二：小兔蹦蹦跳）
语言活动区域	• 故事《调皮的衣服》（见活动一：调皮的衣服（一）） • 儿歌《宝宝穿鞋》（见活动七：宝宝穿鞋） • 儿歌《大洞和小洞》（见活动十一：大洞和小洞）
建构活动区域	• 可搭建家具的大积木（见活动十七：宝宝衣物宝宝放）

单元名称：穿穿脱脱

月学习活动建议表

	星期一	星期二	星期三	星期四	星期五
第一周	活动一 调皮的衣服（一）	活动二 大大小小	活动三 薄薄厚厚	活动四 美丽的中国服饰	活动五 上上下下
第二周	活动六 鞋宝宝找朋友	活动七 宝宝穿鞋	活动八 帽子、衣服、裤子、鞋子	活动九 小小设计师	活动十 宝宝自己来
第三周	活动十一 大洞和小洞	活动十二 小兔蹦蹦跳	活动十三 可爱的帽子	活动十四 调皮的衣服（二）	活动十五 宝宝来帮忙
第四周	活动十六 宝宝穿裤子	活动十七 宝宝衣物宝宝放	活动十八 我会自己晾衣服	活动十九 好看的裤子	活动二十 衣服宝宝的家

活动一：调皮的衣服（一）

领域	语言发展、认知发展
活动资源	幼儿用书 1-3 第 2~7 页
活动目标	1. 理解故事主要内容，知道衣物的正确穿法。 2. 享受聆听故事的乐趣。

活动过程	时间（分钟）
一、引发动机 教师和幼儿聊聊自己的衣服。	2~3
二、主要活动 1. 教师讲述故事《调皮的衣服》。 　　这一天幼儿园的午后，小动物们要起床啦。小老鼠还没睡醒，两只小手揉着眼睛。小兔子把眼睛睁得大大的，伸起了懒腰。小猴子才不着急呢，它左边瞧瞧、右边看看。小袋鼠探出小脑袋打了个哈欠。小老鼠说："我会自己穿裤子。"它一把抓起小裤子套在了自己的小脑袋上。小兔子说："我会自己穿衣服。"它两条小腿一伸，像小火车一样钻进了衣服的袖子"小山洞"。小猴子说："我会自己穿外套。"它抓起了小外套，根本不看前后，拉链穿在了背后，衣服上的小帽子却穿在了胸前。小袋鼠说："我会自己穿鞋子。"它不慌不忙，拎起鞋子左瞧瞧右看看，然后把一只小脚穿进了一只左右放反的小鞋子里。 　　小朋友，四个小动物都穿好了，它们穿得对吗？你愿意帮助它们吗？ 2. 教师和幼儿观察四幅小动物穿衣服的画面，分别说说四只小动物穿得对不对？哪里不对？	8~10
三、综合活动、总结 教师和幼儿说说穿衣物的正确方法： 1. 穿衣服前要看清前后。 2. 穿鞋子前要分清左右。	2~3

保教活动评估

1. 知道穿衣物的正确方法。
2. 能够认真倾听完整的故事。

 活动二：大大小小

领域	认知发展、语言发展
活动资源	1. 游戏书上：大大小小 2. 三只小动物：小老鼠、小猴子和小象图片 3. 三条裤子的图片
活动目标	1. 尝试比较三条裤子的大小。 2. 能够说出"最大""最小"，知道它们的含义。

活 动 过 程	时间（分钟）
一、引发动机 1. 教师出示三只小动物的图片：小老鼠、小猴子、小象，引导幼儿说说图片上小动物的名称。 2. 教师出示三条裤子的图片，请幼儿一起来数数裤子的数量。	2～3
二、主要活动 1. 教师引导幼儿观察游戏书上：大大小小，说说三只小动物的大小：老鼠最小，小象最大。 2. 邀请幼儿在游戏书上帮三只小动物分别找到自己的裤子。（将三条裤子分别连线到对应小动物的身上）	8～10
三、综合活动、总结 1. 教师和幼儿回顾配对完小裤子的图片，一同说说：小象个头最大，穿的裤子也最大。老鼠个头最小，穿的裤子也最小。 2. 鼓励幼儿尝试说出最大、最小。	2～3

保教活动评估

1. 能够比较三个物体的大小。
2. 理解最大、最小的意思。

活动三：薄薄厚厚

领域	认知发展、语言发展
活动资源	1. 幼儿用书第8页 2. 游戏书上：薄薄厚厚 3. 请幼儿从家中带来自己夏天和冬天穿的衣物各一件 4. 两幅图片场景（夏天和冬天），衣物图片
活动目标	1. 能够分辨不同天气（夏天和冬天）的衣物。 2. 了解并能够说出几种常见衣物的名称：T恤、短裤、长裤、棉衣、围巾、帽子。

活动过程	时间（分钟）
一、引发动机 教师鼓励幼儿一起说说自己穿的衣物。	2～3
二、主要活动 1. 引导幼儿观察两幅图片场景：天气热（夏天）和天气冷（冬天）。 2. 出示衣物图片，请幼儿说说名称，鼓励幼儿说说自己带来的衣物，主要关注衣物的名称、薄厚、长短等特征。 3. 引导幼儿摸摸两种衣物的质地，说说哪一件厚厚的，哪一件薄薄的。厚厚的衣物穿起来怎么样，薄薄的衣物穿起来怎么样。 4. 引导幼儿观看幼儿用书"厚厚薄薄"，说说小猴子和小袋鼠的穿着分别属于哪个季节，并说说理由。 5. 幼儿观察游戏书"薄薄厚厚"中两幅场景，说说它们分别是在什么季节，将衣服粘纸粘贴到对应的季节场景中。	8～10
三、综合活动、总结 1. 夏天穿的衣物薄薄的，冬天穿的衣物厚厚的。 2. 夏天的衣物穿起来很凉快，冬天的衣服穿起来暖暖的。	2～3

保教活动评估

1. 能够说出常见衣物的名称。
2. 能够分清衣物的厚、薄。

单元名称：穿穿脱脱

 活动四：美丽的中国服饰

领域	艺术表现、认知发展	
活动资源	1. 幼儿用书上第 9 页 2. 各种各样旗袍和唐装的图片 3. "找一找"的图片（教师准备各式各样的服饰图）	
活动目标	1. 了解中国特有的服装：旗袍和唐装。 2. 欣赏旗袍和唐装的美。	
活 动 过 程		时间(分钟)
一、引发动机 教师和幼儿一同聊聊各种各样的衣服。		2～3
二、主要活动 1. 教师与幼儿欣赏各式各样旗袍、唐装的美（如：作为礼服外交官、第一夫人出访时穿着的旗袍；奥运会礼仪人员穿着的旗袍；民众穿着的旗袍；领导人出席重要场合时穿着的唐装；小朋友过年时穿着的唐装等）。 2. 教师和幼儿说说旗袍、唐装和其他服饰的相同和不同。 3. 请幼儿翻开幼儿用书上第 9 页，说说哪个是旗袍、哪个是唐装。教师问一问：你们有穿过这样的服装吗？		8～10
三、综合活动、总结 游戏：找一找 ● 教师和幼儿一同在很多的服饰图中找一找旗袍和唐装。		2～3

保教活动评估

能够分辨旗袍和唐装。

活动五：上上下下

领域	动作发展、艺术表现
活动资源	1. 幼儿用书第 10 页 2. 轻快的背景音乐
活动目标	1. 尝试两脚同时跳起的动作。 2. 通过对身体部位的感知尝试分清上、下的空间方位。 3. 愿意跟随教师一同进行律动。

活动过程	时间(分钟)
一、引发动机 1. 教师和幼儿一同来找找身体部位。 　　师："小手小手伸出来，摸摸宝宝＊＊＊（小脸蛋、小脑袋、小脚丫……）。" 2. 说到第一个"小手"时，伸出一只手，说到第二个"小手"时，伸出另一只手，说到"伸出来"时，两只小手一起晃一晃。说到"摸摸宝宝"时，小手抓一抓，说到身体部位教师可以自由发挥。	2～3
二、主要活动 律动：上上下下 　　　　　　　　　　　　　　　　　　　　作者：李乐 　　　　　宝宝上面拍拍手， 　　　　　宝宝下面跺跺脚。 　　　　　上面上面拍拍手， 　　　　　下面下面跺跺脚。 　　　　　宝宝一起转个圈， 　　　　　上上下下真快乐！ ● 律动动作： 第一句：说到"宝宝"时，一只手从身体一侧抬起到头顶；说到"上面"时，另一只手从身体另一侧抬起到头顶；说到"拍拍手"时，两只手拍一拍。 第二句：说到"宝宝下面"时，双手叉腰低头，眼睛看向小脚；说到"跺跺脚"时，单脚抬起跺一跺。 第三句、第四句重复前两句的动作。 第五句：两只小手继续叉腰，小碎步转圈。 第六句：说到"上上"时，抬头，说到"下下"时，低头；说到"真快乐"时，两脚	8～10

续 表

活动过程	时间(分钟)
同时跳起,蹦一蹦。 ● 刚开始时速度可以慢些,幼儿熟悉后可以逐渐加快速度。 **三、综合活动、总结** 教师和幼儿在座位上一同玩玩"上上下下"的游戏: ● 教师说"上",幼儿两只小手摸摸小脑袋;教师说"下",幼儿两只小手摸摸小脚。几次后调换角色,教师做动作,幼儿说相应的方位。	2～3

保教活动评估

1. 能够双脚同时跳起。
2. 能够分清上、下的空间方位。

活动六：鞋宝宝找朋友

领域	认知发展、习惯养成
活动资源	1. 游戏书上：鞋宝宝找朋友 2. 鞋子的图片一张
活动目标	1. 能够分辨鞋子的前后。 2. 认识鞋子的三个部位：鞋头、鞋跟和鞋帮。 3. 乐意自己穿鞋。

活动过程	时间（分钟）
一、引发动机 教师和幼儿一起说说各自脚上穿的鞋子。	2～3
二、主要活动 1. 教师出示鞋子图片，和幼儿一起来说说鞋子各部分的名称，如鞋头、鞋跟和鞋帮，并引导幼儿分辨鞋的前面和后面：鞋头是鞋的前面，鞋跟是鞋的后面。 2. 教师和幼儿玩摸摸"鞋头和鞋跟"的游戏（教师说：鞋头，幼儿用手去摸鞋头；教师说到鞋跟时，幼儿用手去摸鞋跟的位置）。 3. 教师念儿歌"头挨头，脚挨脚，宝宝鞋子穿得好"，鼓励幼儿仔细观察鞋子的左右。	8～10
三、综合活动、总结 幼儿操作游戏书上"鞋宝宝找朋友"，用连线的方式给鞋子找到对应的朋友。	2～3

保教活动评估

1. 能够分辨鞋子的前后，知道鞋子的三个部位。
2. 愿意和教师、伙伴一同进行游戏。

 活动七：宝宝穿鞋

领域	语言发展、认知发展
活动资源	幼儿用书 1-3 第 11 页
活动目标	1. 尝试分辨鞋子的左右。 2. 乐意说说儿歌中的语句。

活 动 过 程	时间(分钟)
一、引发动机 教师和幼儿一同回顾上一次的活动"鞋宝宝找朋友"，说说鞋子的前后，念念"头挨头，脚挨脚，宝宝鞋子穿得好"。	2～3
二、主要活动 1. 教师引导幼儿翻阅手中的幼儿用书，找到和教师一样的页码。 2. 教师完整地诵念儿歌。问问幼儿：欢喜是什么意思？鞋宝宝什么时候生气，什么时候欢喜呢？ 　　左右两只鞋宝宝，有时欢喜有时气。 　　背靠背时很生气，头挨头时真欢喜。 　　一左一右分清楚，走起路来才神气。 3. 教师再次念儿歌，引导幼儿用动作来表达儿歌内容。 　　师："生气的时候，你的表情是什么样的？" 　　　　"欢喜的时候，你会做什么动作呢？" 4. 教师再次念儿歌，鼓励幼儿大胆跟读，大胆用肢体动作表达。	8～10
三、综合活动、总结 鼓励幼儿自己说说儿歌，尝试分辨鞋子的左右。	2～3

保教活动评估

1. 能够分辨鞋子的左右。
2. 愿意说说儿歌的内容，喜欢用肢体动作表达。

活动八：帽子、衣服、裤子、鞋子

领域	艺术表现、动作发展
活动资源	幼儿用书 L3 第 12 页
活动目标	1. 能够分辨帽子、衣服、裤子、鞋子的上下方位。 2. 愿意和老师、伙伴一同律动。

活动过程	时间（分钟）
一、引发动机 教师和幼儿一同做游戏：找找在哪里？ ● 请幼儿打开幼儿用书 L3 第 12 页，认一认、说一说图片中衣服名称。 ● 教师说衣物的名称，幼儿用两只小手来找找衣物穿在身体的哪个部位，如，教师说"帽子"，幼儿两只小手摸摸头。	2～3

二、主要活动
1. 教师跟随音乐做律动的动作，请幼儿说说律动的名字是什么？律动时小手摸摸哪里？
 	
帽子、衣服、裤子、鞋
 	
1=C 2/4
 	
| 5·6 5 4 | 3 4 5 | 2 3 4 | 3 4 5 |
  帽子 衣服   裤子 鞋   裤子 鞋   裤子 鞋
 	
| 5·6 5 4 | 3 4 5 | 2 5 | 3 1. |
  帽子 衣服   裤子 鞋   全 都   找 到
 	
2. 教师引导幼儿一同跟随音乐做律动，鼓励幼儿摸摸时两只胳膊尽量打开，把动作大一些。
3. 教师鼓励幼儿一同想想最后一个乐句"全部找到"可以做哪些动作。
4. 反复几次后，教师调换物品的顺序，如："帽子、衣服、裤子、鞋子"，让幼儿在游戏中继续律动活动。
	8～10

三、综合活动、总结 1. 教师鼓励幼儿说说帽子、衣服、裤子和鞋子的上下方位。 2. 教师鼓励幼儿一边做律动、一边唱一唱。	2～3

单元名称：穿穿脱脱

保教活动评估

1. 能够分辨帽子、衣服、裤子、鞋子的上下方位。
2. 愿意唱唱律动内容、做做律动动作。

活动九：小小设计师

领域	艺术表现、动作发展
活动资源	1. 幼儿用书 **上** 第 13 页 2. 游戏书上：小小设计师 3. 旗袍图片
活动目标	1. 尝试用印章对空白的旗袍进行装饰。 2. 感受创作印章画的乐趣。

活动过程	时间(分钟)
一、引发动机 教师出示幼儿用书 **上** 第 13 页，请幼儿观察画面，说说印章画需要的工具：印章。	2～3
二、主要活动 1. 教师引导幼儿欣赏各种各样旗袍的美，说说自己喜欢哪一件。 2. 幼儿观察幼儿用书 **上** 第 13 页中两幅旗袍的图片，说说它们有什么不同。 　教师总结印章画的要求： 　（1）作画时，印章不印在旗袍轮廓外。 　（2）可以使用同一种印章，也可以使用不同的印章作画。 　（3）完成印章画后，主动收拾工具，清洗小手。 3. 幼儿打开游戏书上"小小设计师"页面并自主作画，教师巡回指导。	8～10
三、综合活动、总结 幼儿和伙伴一同分享自己的印章画作品。	2～3

保教活动评估

1. 能够将印章印在图案的轮廓内。
2. 在完成作品后能主动收拾使用的工具。

 活动十：宝宝自己来

领域	习惯养成、认知发展
活动资源	1. 幼儿用书 B 第 14 页 2. 衣服、裤子、鞋子、袜子的图片 3. 儿歌（自创）
活动目标	1. 了解穿衣服、裤子和鞋子、袜子的先后顺序； 2. 愿意自己穿衣服、裤子和鞋子、袜子。

活动过程	时间（分钟）
一、引发动机 教师和幼儿一同做游戏：翻翻乐。 教师将卡片扣置在地上，幼儿翻起并说说图片上衣物的名称。	2～3
二、主要活动 1. 教师诵念儿歌"宝宝穿衣"，幼儿说说儿歌里都说了哪些衣物？小胳膊钻进什么？小脚丫伸进什么？ <div align="center">**宝宝穿衣**</div><div align="right">作者：李乐</div>两只小胳膊，钻进小袖子。穿起小上衣，扣紧小扣子。 两只小脚丫，伸进小裤子。记住一对小袜子，最后还有小鞋子。 2. 幼儿观察幼儿用书 B 第 14 页，按顺序说说、认认儿歌里出现的衣物和动作。 3. 教师第二次诵念儿歌，幼儿说说：先穿什么？然后穿什么？接着穿什么？最后穿什么？一边说一边将图片摆放好。 4. 教师鼓励幼儿按照图片顺序一起说说儿歌，引导幼儿用肢体动作表达儿歌内容。	8～10
三、综合活动、总结 教师鼓励幼儿按照穿衣顺序摆放图片，并说说先穿什么，最后穿什么。	2～3

保教活动评估

1. 知道穿衣的正确顺序：衣服、裤子、袜子和鞋子。
2. 愿意念儿歌，并用肢体动作表达儿歌内容。

活动十一：大洞和小洞

领域	语言发展、习惯养成
活动资源	1. 幼儿用书 上 第 11 页 2. 拉链上衣和套头衫的图片 3. 一件套头衫 4. 儿歌（改编）
活动目标	1. 能够说出儿歌的简单语句。 2. 能够自己脱套头衫。

活动过程	时间（分钟）
一、引发动机 教师引导幼儿观察拉链上衣和套头衫的图片，说说套头衫和拉链衫哪里不一样。	2~3
二、主要活动 1. 教师诵念儿歌"大洞和小洞"，幼儿说说儿歌的名字。 　　一件套头衫，大小四个洞。 　　捏住小洞口，钻出小火车。 　　拉拉大洞口，变出小宝宝。 2. 幼儿观察幼儿用书 上 第 11 页，数数套头衫上的大洞和小洞各有几个。 3. 教师和幼儿一同观察套头衫，数数套头衫有几个洞，哪个洞大，哪个洞小。 4. 教师第二次诵念儿歌，幼儿说说从小洞口钻出的是什么，从大洞口钻出的是什么。 5. 教师引导幼儿一同说说儿歌，尝试用肢体动作表达儿歌内容。	8~10
三、综合活动、总结 幼儿自己说说儿歌，用肢体动作表达儿歌内容。	2~3

保教活动评估

1. 能够说出儿歌的名字和内容。
2. 能够自己脱套头衫。

活动十二：小兔蹦蹦跳

领域	艺术表现、动作发展
活动资源	1. "小兔蹦蹦跳"的旋律音乐 2. 小兔子的图片、遮挡卡 3. 小脚丫指示牌 4. 儿歌（自创）
活动目标	1. 能够双脚同时跳起。 2. 愿意模仿小兔子的动作，与同伴一同参加律动活动。 3. 能够坚持完成律动活动。

活 动 过 程	时间(分钟)
一、引发动机 教师用遮挡卡把小兔子的图片遮挡起来，只露出小兔子的长耳朵。请幼儿来猜猜图片里的小动物是谁。	2～3
二、主要活动 1. 教师鼓励幼儿说说小兔子是怎么移动的，请幼儿在教室里宽敞的地方蹦一蹦、跳一跳。鼓励幼儿两脚同时跳起，同时落下。 2. 播放旋律音乐，教师一边唱一边跳，在唱到"蹦蹦呀跳跳""小兔子宝宝""蹦蹦跳"的时候，两脚同时跳起落下。可以不跟随节奏多跳几次，也可以跟随节奏跳一次、两次或者四次。	8～10

小兔蹦蹦跳

词：李乐
曲：美国儿歌

1	1 1	1	1 1	🦶3	5 5	🦶3	1
小	兔 子	一	起 来	蹦	蹦 呀	跳	跳
2	2 2	2	2 2	🦶7	2 2	🦶7	5
两	只 呀	小	脚 呀	蹦	蹦 呀	跳	跳
1	1 1	1	1 1	🦶3	5 5	🦶3	1
我	们 是	快	乐 的	小	兔 子	宝	宝
2	2 2	5̣	5̣	1	—	0	0 ‖
最	喜 欢	蹦🦶	蹦🦶	跳🦶			

续 表

活动过程	时间(分钟)
• 第一、三、五乐句,可使用同一个动作,如:唱到"小兔子"时,一只手摆成"V"字。 3. 教师和幼儿一同进行律动。幼儿熟练后可以调节旋律的快慢,增加律动的难度。 三、综合活动、总结 幼儿自己跟随音乐进行律动,教师可以用小脚丫指示牌提醒幼儿需要跳起的乐句。	2~3

保教活动评估

1. 能够双脚同时跳起。
2. 在律动活动中情绪愉快。

单元名称：穿穿脱脱

 活动十三：可爱的帽子

领域	动作发展、艺术表现
活动资源	1. 幼儿用书③第 15 页 2. 游戏书上：可爱的帽子 3. 一顶小草帽 4. 橡皮泥
活动目标	1. 能够通过团、捏的方法制作橡皮泥小帽子。 2. 知道操作橡皮泥后要洗手。

活 动 过 程	时间(分钟)
一、引发动机 教师和幼儿一同说说各式各样的帽子(如不同季节、不同用途的帽子)。	2～3
二、主要活动 1. 教师和幼儿观察草帽，说说草帽两部分的名称：帽檐、帽身。 2. 教师鼓励幼儿把幼儿用书③翻到第 15 页，观察页面上的四幅图，说说做小帽子需要几种颜色的橡皮泥，一起数数需要几团橡皮泥，分别做帽子的哪个部分。 3. 教师和幼儿一同来揉一种颜色的橡皮泥，把橡皮泥团成一团。 4. 教师请幼儿将另一种颜色的橡皮泥团成两团，教师巡回指导。 5. 教师引导幼儿将一团橡皮泥放在手心，两只小手一同将其压扁成小饼，把第二团橡皮泥压在小饼上；最后一团橡皮泥搓成一条，尝试缠绕在"帽檐"周围。	8～10
三、综合活动、总结 1. 教师鼓励幼儿整理用过的物品，清洁小手。 2. 幼儿和同伴一同分享自己做的小帽子。 3. 教师出示游戏书上"可爱的帽子"，请幼儿说一说，哪个帽子是爸爸戴的，哪个帽子是妈妈戴的，哪个帽子是宝宝戴的，并用线连一连。	2～3

保教活动评估

1. 能够将橡皮泥团成球状。
2. 愿意整理操作材料。

活动十四：调皮的衣服（二）

领域	语言发展、情感与社会性发展
活动资源	1. 幼儿用书第2～7页 2. 裤子、衣服、外套和鞋子的图片
活动目标	1. 学说语句"我会自己穿＊＊"。 2. 乐意自己翻阅故事。

活动过程	时间(分钟)
一、引发动机 1. 教师翻到幼儿用书的故事页(第2～7页)，鼓励幼儿翻到和教师一样的页面。 2. 幼儿自主翻阅故事，说说小动物自己穿了哪些衣物，教师将对应的图片贴在白板上。	2～3
二、主要活动 1. 教师和幼儿观察第2页画面，鼓励幼儿说说：画面中有谁？它在干什么？它穿得对吗？ 2. 教师讲述第2页的故事内容(详见活动一)，鼓励幼儿说说：小老鼠说了什么？ 3. 教师和幼儿逐页观察幼儿用书第3、4、5页，鼓励幼儿说说：画面中有谁？它在干什么？它穿得对吗？画面上的小动物说了什么？ 4. 教师完整讲述故事，请幼儿参与讲述故事，主要是鼓励幼儿模仿故事中的小动物说话。	8～10
三、综合活动、总结 游戏：翻翻乐 ● 教师将图片扣在地上，幼儿自己翻开图片，说说"我会自己穿＊＊"。如幼儿翻出的图片为裤子，幼儿说"我会自己穿裤子"。	2～3

保教活动评估

1. 能够说出"我会自己穿＊＊"。
2. 能够逐页翻阅故事。

活动十五：宝宝来帮忙

领域	认知发展、动作发展
活动资源	1. 幼儿用书 ⑬ 第 16 页 2. 游戏书上：宝宝来帮忙 3. 油画棒若干（根据幼儿人数）
活动目标	1. 能够根据衣物的明显特征区分爸爸、妈妈和宝宝的衣物。 2. 能够找到爸爸、妈妈和宝宝与他们对应的衣物。

活 动 过 程	时间（分钟）
一、引发动机 幼儿观察幼儿用书 ⑬ 第 16 页，分别指指、说说爸爸、妈妈和宝宝的衣物。	2～3

二、主要活动
1. 幼儿人手一张游戏书上"宝宝来帮忙"，用小手指找一找，从宝宝出发找一找宝宝的衣服是什么，并说出名称。
2. 幼儿用小手指依次寻找爸爸和妈妈的衣服是什么。
3. 鼓励幼儿帮助图片中的爸爸找找合适的衣服，
  ● 教师引导幼儿用小手指沿着线从爸爸这里出发寻找爸爸的衣服，并介绍名称。
4. 鼓励幼儿给图片中的妈妈找找合适的衣服，
  ● 教师引导幼儿用小手指沿着线从妈妈这里出发寻找妈妈的衣服，并介绍名称。
	8～10

三、综合活动、总结 说说除了图片中的衣物，爸爸、妈妈和宝宝还会穿哪些衣物。	2～3

保教活动评估

1. 能够区分爸爸、妈妈和宝宝的衣物。
2. 认识并能够说出几种衣物的名称，如：西服、连衣裙等。

活动十六：宝宝穿裤子

领域	习惯养成、语言发展
活动资源	幼儿用书第 17 页
活动目标	1. 能够自己穿裤子。 2. 乐意说说儿歌里的语句。

活 动 过 程	时间(分钟)
一、引发动机 教师翻到幼儿用书第 17 页，鼓励幼儿翻到同样的页面，说说页面上的小朋友在做什么。	2～3
二、主要活动 1. 教师第一次诵念儿歌，鼓励幼儿说说儿歌的名称，区分裤子前后的方法。 　　儿歌：穿裤子 　　一条小裤子，有前也有后， 　　分清前和后，要靠小裤兜。 　　小脚钻裤腿，小手拉裤腰。 2. 教师第二次诵念儿歌，鼓励幼儿说说穿裤子的时候小手和小脚要怎么做。 3. 教师第三次诵念儿歌，鼓励幼儿用肢体动作表达儿歌内容。 4. 教师第四次诵念儿歌，鼓励幼儿说说儿歌中的语句。	8～10
三、综合活动、总结 幼儿说说其他区分裤子前后的方法。	2～3

保教活动评估

1. 能够区分裤子的前后。
2. 能够说出儿歌中的语句。

单元名称：穿穿脱脱

 活动十七：宝宝衣物宝宝放

领域	习惯养成、认知发展
活动资源	1. 幼儿用书 上 第 18 页 2. 游戏书上：宝宝衣物宝宝放 3. 衣服、鞋子、丝巾、帽子以及玩具等杂物 4. 收纳筐
活动目标	1. 能够说出衣物的名称。 2. 能够把衣物放置在正确的位置。

活动过程	时间（分钟）
一、引发动机 教师出示收纳筐，请幼儿将里面的杂物取出，说说它的名称。	2～3
二、主要活动 1. 找一找：在杂物中找出衣物。 　● 教师请幼儿在各种杂物里找出衣物。 　师："我们一起来找一找，哪些是穿在身上的衣物呢？" 2. 认一认：说说收纳家具的名称。 　幼儿人手一张游戏书上"宝宝衣物宝宝放"，说说画面上有哪些收纳家具，分别是什么。 3. 放一放：将衣物和正确的收纳家具进行匹配。 　幼儿观察幼儿用书 上 第 18 页，说说画面上的衣物应该放在哪里。 　师："衣服应该放在哪里呢？" 4. 引导幼儿把游戏书上"宝宝衣物宝宝放"这一页的配套贴纸撕下，贴在这一页的相应位置，巩固收纳知识。幼儿个别操作，教师巡回指导。	8～10
三、综合活动、总结 幼儿个别操作，教师巡回指导。	2～3

保教活动评估

1. 能够说出衣物和收纳家具的名称。
2. 能够对衣物和收纳家具进行正确匹配。
3. 能够将游戏纸的垃圾扔进垃圾桶，不乱扔。

活动十八：我会自己晾衣服

领域	艺术表现、情感与社会性发展
活动资源	律动曲谱与音乐
活动目标	1. 能够跟随音乐节奏，模仿教师的动作进行律动。 2. 乐意参与律动活动，情绪愉快。

活动过程	时间（分钟）
一、引发动机 教师播放律动音乐，幼儿初步熟悉音乐节奏。 ● 师："孩子们，我们变成洗衣机一起来洗衣服吧。" ● 两只手握拳，两只胳膊一上一下轮流向前绕四个小节。然后两只胳膊轮流向后绕四个小节。	2～3
二、主要活动 1. 说一说：晾衣服的动作。 　师："孩子们，你看到过妈妈是怎么晾衣服的吗？会怎么做呢？" 2. 做一做：教师和幼儿一同进行律动。 晾衣服 词：李乐 ｜ 1 2 3 － ｜ 3 4 5 － ｜ 6 6 5 4 ｜ 3 4 5 － ｜ 　小 衣 服　　　抖 一 抖　　　夹 好 夹 子　挂 起 来 ｜ 1 2 3 － ｜ 3 4 5 － ｜ 6 6 5 4 ｜ 3 5 1 － ｜ 　我 是 个　　　棒 宝 宝　　　自 己 事 情　自 己 来 ● 第一个乐句可以更改歌词内容，分别为：小衣服、小裤子、小袜子等。 ● 参考动作： 　第一个乐句：两手交叉抱肩，拍一拍（小裤子：两脚同时跳；小袜子：两脚轮流跺脚）；第二个乐句：两手向前伸直，抖一抖； 　第三个乐句：两手仍然伸直，张开双手捏一捏； 　第四个乐句：两手向上伸直，晃一晃； 　第五个乐句：两只胳膊伸直，两手拍拍胸口； 　第六个乐句：两只胳膊伸直，两手都伸出大拇指晃一晃； 　第七、八个乐句：两手上举转一圈。	8～10

续 表

活 动 过 程	时间(分钟)
三、综合活动、总结 幼儿熟练后,教师可以加快音乐节奏,增加挑战难度。	2～3

保教活动评估

1. 能够双脚同时跳。
2. 能够将手臂举高、伸平。

活动十九：好看的裤子

领域	艺术表现、动作发展
活动资源	1. 游戏书上：好看的裤子 2. 棉签若干；颜料（一种颜色即可） 3. 小毛巾若干；反穿衣若干
活动目标	1. 尝试用棉签点一点的方法装饰裤子。 2. 乐意用棉签点画的方式进行创作。

活 动 过 程	时间（分钟）
一、引发动机 教师和幼儿一同来说说，创作棉签画时需要的工具（棉签、颜料、反穿衣、小毛巾），和它们的使用方法。	2～3
二、主要活动 1. 教师示范棉签点画的方法：棉签在颜料上蘸一蘸，然后在纸上用力点一点。 　师："棉签宝宝要去找朋友啦。棉签宝宝的小脑袋和颜料宝宝用力亲一亲，然后再和小裤子亲一亲。" 2. 幼儿穿上反穿衣，在游戏书上"好看的裤子"页面中进行点画创作，教师巡回指导。（提醒幼儿在裤子图案内创作）	8～10
三、综合活动、总结 1. 幼儿与同伴分享自己的作品，教师针对幼儿各自的特点进行总结和提升。 　如：点画时各点的分布、点画时颜色的深浅、点画时各点的大小等等。 2. 在艺术活动中教师需要关注幼儿艺术活动中常规的养成。 　如：使用工具后及时整理，创作完作品后用小毛巾擦干净小手等。	2～3

保教活动评估

1. 能够尝试使用棉签进行点画创作。
2. 主动或在教师的提醒下整理使用过的工具。

 活动二十：衣服宝宝的家

领域	习惯养成、认知发展
活动资源	1. 每人一件小外套 2. 脚丫模型图 3. 儿歌：叠衣歌
活动目标	1. 知道午睡时衣物的固定位置，并能够在午睡前把自己的衣物放在固定位置，不乱丢。 2. 能够不依赖教师的帮助，乐意自己脱衣物。

活动过程	时间(分钟)
一、引发动机 教师带领幼儿来到卧室，鼓励幼儿找到自己的小床。 师："我们来找一找衣服宝宝和鞋宝宝午睡的地方吧。"	2～3
二、主要活动 1. 引导幼儿认识放置鞋子的地方。 　师："鞋子小车中午也要休息，我们把它停在小床下面，刮风下雨都不怕。" 2. 引导幼儿认识放衣服的地方。 　● 教师一边念儿歌帮助幼儿理解折叠衣服的方法，一边鼓励幼儿将衣服叠整齐。 　　　　　　　　　**叠衣歌** 　　　　　　衣服小宝宝，快来躺躺好。 　　　　　　左手抱一抱，右手抱一抱。 　　　　　　先来点点头，再来弯弯腰。 　　　　　　都是好朋友，整齐来排好。 　● 教师引导幼儿将叠好的衣服放在床尾。	8～10
三、综合活动、总结 贴一贴：幼儿将小脚丫粘纸贴在床尾的位置。 请参考下图制作幼儿尺寸的脚丫模型图。	2～3

保教活动评估

1. 知道午睡时鞋子和衣服的固定摆放位置。
2. 能够在午睡时将衣服、鞋子摆放在固定的位置,不乱扔。

单元名称：小伙伴，一起玩

保教活动指南

教导重点

进入12月份，托班幼儿已经开始渐渐适应集体生活，也开始渐渐熟悉班级中的小朋友了。在教师的帮助、引导下，幼儿喜欢听教师讲故事、听好听的音乐，喜欢玩新鲜的玩具。但是他们仍对成人有强烈的依恋，喜欢和固定的同伴、教师交往，怕见生人。由于他们的情绪易受环境的影响，所以很容易被有趣的事物吸引，注意力容易转移。因此，在幼儿渐渐熟悉同伴、教师的基础上，开展"小伙伴，一起玩"的主题活动是非常有必要的。

1. 引导幼儿熟悉环境，逐渐认识班级中的小朋友，并愿意和同伴一起玩耍。
2. 尝试与同伴一起游戏，感受集体活动的乐趣。
3. 感受季节的变化，增强冬日的生活自理能力。
4. 尝试观察事物的特征，认识颜色，并将其配对。
5. 参与节日活动，感受节日的气氛，体会和大家一起过节的快乐。

小小提醒

成人能通过设置轻松的生活、游戏环境，培养幼儿愉快的情绪，逐渐摆脱焦虑情绪，鼓励幼儿愿意跟着教师及同伴一起游戏，一同分享。

保教学习内容网

中心主题：小伙伴，一起玩

分支：动作发展、习惯养成、艺术表现、认知发展、情感与社会性发展、语言发展

动作发展
- 大肌肉
  1. 听着音乐学习在草地上四散跑。
  2. 学着小鸡、小鸭的样子，一边唱，一边游戏。
- 小肌肉
  1. 愿意参与活动，能用拓印的方式，装饰漂亮的围巾。
  2. 在认识颜色的基础上，能将不同颜色的小花种到相同颜色的花盆里。
  3. 能用绳子串漂亮的珠子，送给自己的好朋友。

习惯养成
- 能力
  通过仔细观察图片，能够理解并遵守简单的排队常规行为；小朋友在排队时要一个跟着一个走。
- 意愿
  1. 能够感受到因遵守排队常规给大家带来的方便。
  2. 在引导下，愿意将多的玩具给同伴玩。

艺术表现
- 欣赏
  1. 愿意欣赏美丽的事物，在艺术活动中感受美。
  2. 欣赏音乐，熟悉音乐的节奏，跟着教师一起学唱歌曲。
- 表现
  1. 在熟悉歌曲的基础上，和教师、同伴一起做音乐游戏。
  2. 愿意参与活动，能用拓印的方式，装饰漂亮的围巾。
  3. 愿意用手指点画的方法装饰新衣服。

认知发展
- 能力
  1. 认识朋友，知道自己的名字和好朋友的名字。
  2. 认识生活中的一些日用品，了解它们的作用。
  3. 认识三种颜色（红黄蓝），并能区分。
  4. 初步了解影子，知道在太阳及灯光下会有影子。
  5. 尝试垒高5块左右的积木。
  6. 能够找找自己的朋友在哪里。
- 意愿
  1. 在做做、讲讲中了解找朋友的快乐。
  2. 感受大自然的神奇，愿意在户外游戏。

情感与社会性发展
- 品格
  1. 体验在集体中和同伴一起游戏的快乐。
  2. 在游戏中，感受和朋友一同分享的快乐。
  3. 通过游戏的方式，将礼物送给同伴。
- 社会互动
  1. 愿意和小朋友在一起做游戏。
  2. 和朋友一起跳舞，体验和朋友在一起的快乐。
  3. 在游戏中，体验和瓶宝宝一同跳舞的快乐。感受与父母在一起的快乐及温馨。

语言发展
- 能力
  1. 一边做动作，一边学念儿歌，了解儿歌的主要内容。
  2. 学说短句："对不起，没关系"。
  3. 收到别人礼物的时候会说"谢谢"。
  4. 知道马上就要到新年了，自己又要长大一岁了。
  5. 通过故事，了解同伴有时候会发生困难。
- 意愿
  1. 乐意跟教师念儿歌。
  2. 愿意在新年里对别人说："祝你新年快乐！"

活动区域布置参考

区域	情　境　布　置
主题活动区域	照片墙展示（每个小朋友一张照片） 与朋友有关的图片（见活动一：小伙伴，一起玩） 展示"和朋友在一起做游戏的照片"
生活活动区域	每位幼儿的全家福、家庭相册 小背包整理区 收集与生活活动有关的小物品：小围巾、小手套、袜子等，供幼儿整理
艺术活动区域	颜色变变变：用矿泉水瓶，装进水和不同颜色的颜料（见活动九：认识颜色） 游戏书：我的好朋友在哪里？（见活动八：我的好朋友在哪里？） 收集小鸡和小鸭图片（见活动十三：小鸭小鸡（二）） 各种不同的颜色的串珠、绳子（见活动十六：漂亮的项链）
角色活动区域	收集各种小动物手偶及一些人物的手偶、娃娃等 装扮用的服饰及头饰 收集家中各种餐具、厨房用具（锅碗勺盆）、洗澡用品（澡盆、毛巾、浴帽、浴球等） 提供小鸡和小鸭的头饰（见活动十二：小鸭小鸡（一））
语言活动区域	故事：小伙伴，一起玩（见活动一：小伙伴，一起玩） 故事图片：明明哭了（见活动十九：大家一起玩） 收集一些小朋友正在活动的照片，做成一本可翻阅的相册，让幼儿能边看边说说：小朋友在干什么
建构活动区域	提供各种泡沫积木，供幼儿玩搭积木的游戏 收集不同动物图片，并制作成黑色的影子，玩找影子的游戏（见活动十五：有趣的影子） 乐高玩具、火车轨道及小火车

月学习活动建议表

	星期一	星期二	星期三	星期四	星期五
第一周	**活动一** 小伙伴，一起玩	**活动二** 找朋友	**活动三** 漂亮的围巾	**活动四** 对对碰	**活动五** 排排队
第二周	**活动六** 宝宝找朋友	**活动七** 吹泡泡	**活动八** 我的好朋友在哪里？	**活动九** 认识颜色	**活动十** 种花
第三周	**活动十一** 开火车	**活动十二** 小鸭小鸡（一）	**活动十三** 小鸭小鸡（二）	**活动十四** 捡积木	**活动十五** 有趣的影子
第四周	**活动十六** 漂亮的项链	**活动十七** 搭积木	**活动十八** 新年到	**活动十九** 大家一起玩	**活动二十** 给朋友送礼物

单元名称：小伙伴，一起玩

 活动一：小伙伴，一起玩

领域	认知发展、语言发展、情感与社会性发展	
活动资源	1. 幼儿用书 L3 第2～7页 2. 轻松、欢快的音乐	
活动目标	1. 认识朋友，知道自己的名字和好朋友的名字。 2. 愿意和小朋友在一起做游戏。	
活 动 过 程		时间（分钟）
一、引发动机 1. 请幼儿说说自己的名字。 2. 幼儿说说坐在旁边的小朋友叫什么。		2～3
二、主要活动 1. 与幼儿一同看图书，了解故事中小宝宝的名字。 　师："他是谁？我们和他招招手，打招呼吧！" 2. 一页一页出示图片，观察不同的小宝宝。 　师："看看图片上是男宝宝还是女宝宝？他们穿什么颜色的衣服呢？小宝宝有没有梳辫子呢？你能说出他们的名字吗？" 3. 引导幼儿学习和朋友打招呼。 4. 一起看看图片上的小宝宝在干什么？ 　师："幼儿园里，小朋友们在干什么？你们喜欢这样做吗？"		8～10
三、综合活动、总结 1. 教师出示幼儿用书 L3 第7页，请幼儿说说乐乐在干什么？ 　师："让我们（听着音乐）和老师一起做游戏吧！" 　● 教师播放轻松、欢快的音乐，请幼儿手拉手围成一个圈，并向幼儿说明音乐一停就要停下来。教师在游戏中可随时暂停音乐并引导幼儿停下来。 2. 小结：大家一起听音乐、做游戏，真开心！		2～3

保教活动评估

1. 知道自己的名字，在教师叫自己的时候有反应。
2. 知道身边同伴的名字，愿意和同伴握手表示友好。
3. 愿意参与集体活动，跟着教师和同伴一起做游戏。

活动二：找朋友

领域	艺术表现、情感与社会性发展、习惯养成
活动资源	音乐：找朋友 可配合幼儿用书 ⑬ 第2～7页进行
活动目标	1. 在熟悉歌曲的基础上，和教师、同伴一起做音乐游戏。 2. 体验在集体中和同伴一起游戏的快乐。

活　动　过　程	时间(分钟)
一、引发动机 1. 教师说说自己："我叫＊＊老师，你叫什么名字？" 2. 请愿意的幼儿说说自己的名字。不愿意的幼儿尽量鼓励他说，但不要勉强。	2～3
二、主要活动 1. 师："我们来找朋友，朋友们都叫什么名字呀？" 2. 师："找到几个好朋友，我们抱一抱。" 　再请几位幼儿做好朋友，一起抱一抱。 3. 你也来找朋友。 　教师念儿歌《找朋友》，走动、跨步，做"找"的动作，并带动幼儿跟着走动起来。 4. 大家一起随着音乐的节奏走走、唱唱、跳跳地玩"找朋友"的游戏。	8～10

找朋友

1=C 2/4

5 6 5 6 ｜ 5 6 5 ｜ 5 · 1 6 ｜
找 呀 找 呀　找 朋 友，　找 到 一 个

5 5 3 ｜ 5 5 3 ｜ 5 5 3 ｜
好 朋 友。　敬 个 礼 呀，　握 握 手，

2 4 3 2 ｜ 1 1 1 ｜ 0 0 ‖
你 是 我 的　好 朋 友！(喊)再　见！

续 表

活动过程	时间（分钟）
三、综合活动、总结 听着音乐，教师引导幼儿一边唱歌一边找朋友。音乐重复多次，教师可以鼓励幼儿找不同的朋友一起游戏。	2~3

保教活动评估

1. 愿意跟着教师和同伴一起唱歌，玩游戏。
2. 能力较强的幼儿愿意邀请特别害羞的幼儿一同游戏。

活动三：漂亮的围巾

领域	艺术表现、认知发展
活动资源	1. 幼儿用书上第 8 页 2. 游戏书上：漂亮的围巾 3. 收集一些漂亮的围巾及拓印工具
活动目标	1. 愿意参与活动，能用拓印的方式，装饰漂亮的围巾。 2. 在活动中感受美，体验艺术活动带来的成功及乐趣。

活动过程	时间（分钟）
一、引发动机 1. 教师与幼儿谈话引出主题：围巾。 2. 出示围巾，让幼儿摸一摸，试一试，感受围巾的温暖。	2～3
二、主要活动 1. 请幼儿欣赏各种漂亮的围巾。 　师："看看这些围巾有什么地方不一样？" 2. 请幼儿翻开游戏书上"漂亮的围巾"，并出示拓印工具，引导幼儿尝试装饰围巾。 　● 师："看看老师准备了什么？这些东西可以用来印画，你们想不想试试？" 　● 教师拿出拓印工具，请幼儿尝试用不同的材料进行拓印，将围巾变得更漂亮，教师巡回指导。 　● 提醒幼儿注意在操作时使用正确的方法进行拓印，并在围巾空白处拓印。	8～10
三、综合活动、总结 1. 出示幼儿用书上第 8 页，一同欣赏围巾。师："你最喜欢哪一条围巾？请给你喜欢的围巾贴上小粘纸。" 2. 小结：冬天来了，围上漂亮的围巾，暖暖的，好舒服！	2～3

保教活动评估

1. 能够大胆进行拓印。
2. 愿意选择自己喜欢的模具、喜欢的颜色进行拓印装饰。

 活动四：对对碰

领域	认知发展、情感与社会性发展
活动资源	1. 碗、勺子；牙刷、牙膏；雨伞、雨鞋；电视机、遥控器。 2. 幼儿用书 上4 第 16 页 3. 游戏书上：对对碰 4. 音乐：找朋友
活动目标	1. 认识生活中的一些日常用品，了解它们的作用。 2. 在游戏中感受找到朋友的快乐。 3. 了解并学会识别这些物品的配对使用品。

活 动 过 程	时间(分钟)
一、引发动机 1. 听《找朋友》的音乐，一起回忆找朋友的快乐。 2. 师："说说你的朋友是谁？"	2～3
二、主要活动 1. 教师出示一些常见的物品，请幼儿认一认：它们都是什么？ 2. 教师请幼儿说说、找找，它们的朋友是谁？ 3. 引导幼儿打开幼儿用书，指一指、说一说上面的物品和它们的朋友。 4. 请幼儿打开游戏书上：对对碰，找到幼儿用书 上4 第 16 页中物品的朋友贴纸，并把贴纸贴在物品旁。鼓励幼儿说："找到朋友真开心！"	8～10
三、综合活动、总结 小结：谢谢你们的帮助，找到朋友真开心！	2～3

保教活动评估

1. 认识并说出不同的物品及配对使用的方法。
2. 能将小贴纸撕下并贴在相对应的物品旁边。

活动五：排排队

领域	习惯养成、动作发展、情感与社会性发展
活动资源	1. 幼儿用书上第18~19页 2. 小动物手偶
活动目标	1. 通过仔细观察图片，能够理解并遵守简单的排队常规行为。 2. 能够感受到因遵守排队常规给大家带来的方便。 3. 通过游戏，养成排队的好习惯。

活 动 过 程	时间(分钟)
一、引发动机 看图观察。 ● 教师请小朋友们围坐在一起，观看老师带来的大幅画卷。 ● 幼儿说说看：画上有什么？都看到了谁？他们都在干什么？	2~3
二、主要活动 1. 教师出示幼儿用书上第18~19页，边操作小动物手偶边讲故事边问："小熊要玩滑滑梯，有那么多小动物怎么办呢？""小兔要玩荡秋千，有那么多小动物要玩怎么办呢？""小猫要玩小木马，有那么多小动物，怎么办呢？""小猪要玩小火车，有那么多小动物，怎么办呢？" 2. 提问：不排队行吗？为什么？小结：当很多朋友都想玩一个游戏时，大家耐心排队等待一会儿，一个接一个地轮流玩，就都能玩了。 3. 教师和幼儿一起讨论："我们平时做什么事情的时候是要排队的？" ● 鼓励幼儿根据自己的经验进行表述，并告诉幼儿排队给我们的生活带来了方便和安全。	8~10
三、综合活动、总结 小结：和爸爸妈妈一起外出也要学习排队。	2~3

保教活动评估

1. 在区域活动中张贴小动物或者日常生活中小朋友、成人排队的场景，能学说故事中的语言。
2. 知道在平时生活中要排队。

活动六：宝宝找朋友

领域	语言发展、认知发展、情感与社会性发展
活动资源	1. 幼儿用书上第 11 页 2. 儿歌：宝宝找朋友
活动目标	1. 通过一边做动作、一边学念儿歌，了解儿歌的主要内容。 2. 在做做、讲讲中了解找朋友的快乐。

活 动 过 程	时间(分钟)
一、引发动机 1. 师（出示幼儿用书上第 14 页，请幼儿仔细观察）："瞧，图片中的小宝宝们在干什么？" 2. 教师启发幼儿：他们是怎么样玩的？	2～3
二、主要活动 1. 幼儿听教师念儿歌，了解儿歌的意思。 ● 师："听听儿歌里说了什么？" **宝宝找朋友** 作者：杜艳 小宝宝，找朋友。 挥挥手，点点头。 拉拉手，抱一抱。 找到朋友哈哈笑。 2. 幼儿学念儿歌，记住儿歌句。 ● 师："小宝宝除了挥挥手，还做了什么动作？" ● 师："我们一起来学学他们的动作。" ● 师："找到朋友以后，他们是什么表情的？"	8～10
三、综合活动、总结 1. 师："你愿意找朋友吗？"我们一边念儿歌，一边去找找自己的朋友吧！" 2. 小结：开心，开心，真开心！我们找到朋友啦！（哈哈～）	2～3

保教活动评估

1. 愿意跟着教师一起学念儿歌。
2. 愿意主动去找朋友，和朋友抱一抱。

活动七：吹泡泡

领域	动作发展、情感与社会发展、习惯养成
活动资源	1. 音乐：泡泡不见了 2. 泡泡枪或是用肥皂水等制作的泡泡水
活动目标	1. 听着音乐学习在草地上四散跑。 2. 和同伴一起玩找泡泡的游戏，感受一同游戏的快乐。

活动过程	时间(分钟)
一、引发动机 1. 引导幼儿观察教师手里的泡泡工具。师："宝宝们，你们看这是什么？" 2. 师："看看什么飞出来了？"	2~3
二、主要活动 1. 教师请幼儿观察泡泡，看看泡泡是什么颜色的？观察泡泡的大小。 2. 一同欣赏歌曲《泡泡不见了》，听听歌曲里面唱了什么？ **泡泡不见了** 1=D 2/4　　　　　　　　　　　　　　诸晶娟 词 中速　天真地　　　　　　　　　　　　帆　帆 曲 3 1 │ 5 5 3 │ (5 6 5 6　5 i │ 5·5 3) │ 2 3 │ 7 2 1 │ 吹　呀　吹　泡泡，　　　　　　　　　　　有 大　又 有 小， (2 3 2 3　2 5 │ 7 2 1) │ 3 1 │ 5 5 3 │ 4 2 │ 6 6 5 │ 　　　　　　　　　　　　飞 呀　飞 上 天，　飞 呀 飞 上 天， 4 4 0 │ 3 3 0 │ 0 0 │ 2·1 │ 7 2 │ 1 - ‖ 泡 泡　　泡 泡　　咦？　泡 泡　不 见 了！ 3. 师："我们一起来玩拍泡泡的游戏好吗？" （放音乐）教师吹泡泡，宝宝观察泡泡，并能去追赶泡泡，拍拍泡泡。 4. 全体幼儿做泡泡，听到口令，用动作表示泡泡变大，变小，飞高，飞低。	8~10
三、综合活动、总结 和教师一起游戏：手拉手，拉成一个大泡泡（大圆圈），再变成一个小泡泡（小圆圈）。	2~3

保教活动评估

1. 愿意跟着教师一同唱歌、做游戏。
2. 四散跑的时候注意安全,不碰撞。
3. 能用玩泡泡的工具玩泡泡。
4. 能透过观察,描述泡泡的颜色、形状、大小、变化、飘的时间、破裂的状态等特征。

活动八：我的好朋友在哪里？

领域	艺术表现、情感与社会性发展、
活动资源	1. 幼儿用书 上 第 20～21 页 2. 彩色蜡笔 3. 游戏书上：我的好朋友在哪里 4. 儿歌：找朋友
活动目标	1. 通过说说、找找的游戏，巩固对朋友的认识。 2. 为朋友画上漂亮的头发，愿意帮助好朋友。

活 动 过 程	时间(分钟)
一、引发动机 （教师播放音乐：找朋友）请幼儿打开幼儿用书 上 第 20～21 页，边看图片，边回忆歌曲，并和好朋友招招手，打个招呼。 师："宝宝，你的好朋友是谁？在哪里？穿着什么颜色的衣服？我们听着音乐一起去找找吧！"跟着音乐玩"找朋友"的游戏。	2～3
二、主要活动 1. 教师请幼儿翻开游戏书上"我的好朋友在哪里"，找到好朋友的图片。 2. 教师引导幼儿为图片上的好朋友涂上漂亮的头发颜色。 ● 选择一种自己喜欢的颜色。 ● 提醒幼儿涂色的时候要用力，颜色涂均匀。 3. 引导幼儿互相欣赏，看看谁画的朋友最漂亮。	8～10
三、综合活动、总结 教师邀请幼儿和同伴一起玩躲猫猫的游戏。	2～3

保教活动评估

1. 愿意和同伴交往。
2. 涂色的时候能用力涂，并将头发涂满。

 活动九：认识颜色

领域	认知、语言、动作
活动资源	1. 红、黄、蓝颜料若干 2. 透明的矿泉水瓶若干 3. 事先在矿泉水瓶的瓶盖中挤一点颜料，小心放置，尽量不要让颜料融化在水中 4. 巧虎人物图片
活动目标	1. 认识三种颜色（红、黄、蓝），并能区分。 2. 初步培养幼儿的观察能力。 3. 在游戏中，体验和瓶宝宝一同跳舞的快乐。

活 动 过 程	时间(分钟)
一、引发动机 1. 引出主题，认识三原色。 　师："今天早晨老师碰见了巧虎，他说他迷路了，请老师帮他找找他的家。我们一起帮巧虎找找他的家好吗？" 2. 师："巧虎的家的房子是红色的，门是蓝色的，窗户是黄色的，请你们帮我一起找找吧！"	2～3
二、主要活动 1. 看一看。 　出示空的矿泉水瓶（教师事先在空瓶盖里涂上了一些颜料） 2. 猜一猜。 　请幼儿观察瓶中自来水，猜猜水会变成什么颜色？ 3. 摇一摇。 　鼓励幼儿说说，摇动后水变成了什么颜色？ 　师："接下来老师会在这三个瓶子里分别变出不同的颜色，看看宝宝们能不能认出来。要仔细地看哦，准备好了吗？开始啦！" 4. 玩一玩。 　请幼儿自己挑选两个瓶子，跟着音乐摇一摇，看看瓶中的水变成什么颜色了。	8～10
三、综合活动、总结 请幼儿带领不同颜色（红、黄、蓝）的瓶宝宝，上来跳舞。	2～3

保教活动评估

1. 能够分辨出三种不同的颜色。
2. 愿意和教师、同伴一起游戏。

 活动十：种花

领域	认知发展、艺术表现
活动资源	1. 幼儿用书 上 第 17 页 2. 游戏书上：种花
活动目标	1. 在认识颜色的基础上，能将不同颜色的小花种到相同颜色的花盆里。 2. 在粘贴花朵的过程中体验成功的快乐。

活 动 过 程	时间（分钟）
一、引发动机 1. 教师请幼儿翻开幼儿用书 上 第 17 页，看一看，书上有什么？ 2. 教师提问：花盆是什么颜色的？	2～3
二、主要活动 1. 请幼儿数一数，红色的花盆有几个？蓝色的花盆有几个？黄色的花盆又有几个？ 2. 大家一起来种花。 • 师："老师这里有很多小花的贴纸，请大家根据花盆的颜色来种花。" • 师：红色的花盆里开出了同样颜色的小花，请问开了什么颜色的花？ • 师：小朋友的书上也有一些花盆，请根据花盆的颜色来种小花吧，一个花盆里只能种一朵花哦！ 3. 教师示范把游戏书上"种花"的配套粘纸撕下，粘贴在幼儿用书 上 第17页"种花"页面相应花盆中，幼儿操作，教师巡回指导。	8～10
三、综合活动、总结 教师总结："让我们一起来看看，谁种的小花最美丽？"	2～3

保教活动评估

1. 能一张一张仔细地撕贴贴纸。
2. 能分辨清楚红、黄、蓝三种颜色。
3. 能将小花贴在相同颜色的花盆里。

活动十一：开火车

领域	动作、语言、情感与社会	
活动资源	1. 事先将小火车的图片布置在教室里 2. 地上画个大圆圈，游戏时幼儿可以围着圆圈走 3. 收集一些小的纸板箱，制作成火车的车厢 4. 汽车、火车的鸣笛录音	
活动目标	1. 通过游戏，能够了解小朋友在排队时要一个跟着一个走。 2. 尝试和同伴一起做游戏，体验和同伴一起玩"开火车"游戏的快乐。	
活动过程		时间（分钟）
一、引发动机 教师播放录音："嘀嘀——叭叭——"是什么车开来了？"呜——呜——"，听一听，这又是什么车开来了？		2～3
二、主要活动 1. 开汽车 　　教师带领幼儿在草地上走走跑跑，双手放胸前玩"开汽车"游戏。 2. 开火车 　　师："要开火车了，谁来当小火车？可是火车太短了，要接接长。" 　• 请幼儿一个跟着一个，三个人一组，双手搭至前面同伴的肩膀，尝试一起朝前走。 　• 开始时，教师让两名或三名幼儿这样开火车，熟练之后再逐渐增加人数。		8～10
三、综合活动、总结 教师带领幼儿一起开着火车回教室啦！		2～3

保教活动评估

1. 愿意和教师一起玩开火车的游戏。
2. 能够注意安全，在开小火车时不互相碰撞。
3. 能识别常见交通工具如汽车、火车鸣笛的不同声音。

活动十二：小鸭小鸡(一)

领域	艺术表现、动作发展、社会与情感
活动资源	1. 幼儿用书上第14～15页 2. 儿歌《小鸭小鸡》 3. 小鸡、小鸭的头饰每人一个
活动目标	1. 欣赏音乐，熟悉音乐的节奏，跟着教师一起学唱歌曲。 2. 学着小鸡、小鸭的样子，一边唱，一边游戏。 3. 体验和朋友在一起游戏的快乐。

活动过程	时间
一、引发动机 教师请幼儿翻看幼儿用书上第14～15页，一起看看图片上有什么？ ● 师："小鸡和小鸭在干什么？"	2～3
二、主要活动 1. 听音乐，熟悉旋律。 2. 请幼儿一边看图片，一边听教师唱歌，理解歌词。 小鸭小鸡 佚 名词曲 郭 瑶改编 	8～10

续 表

活动过程	时间
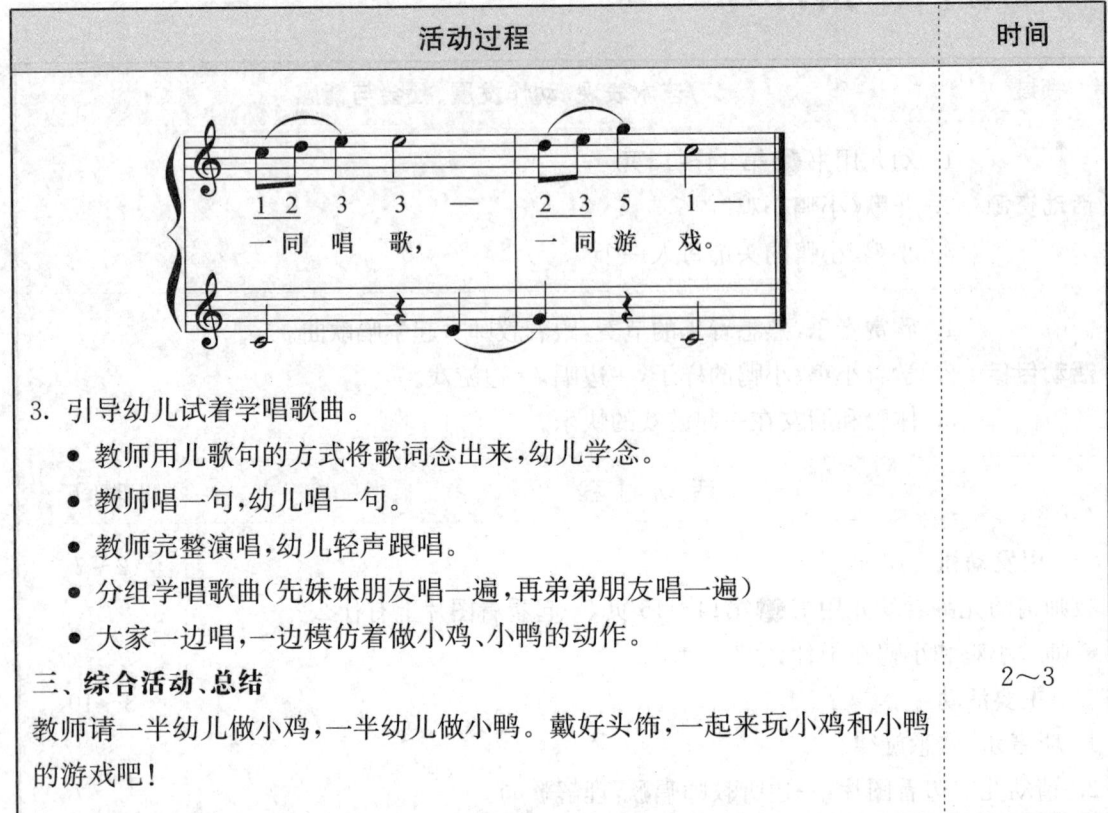 3. 引导幼儿试着学唱歌曲。 • 教师用儿歌句的方式将歌词念出来，幼儿学念。 • 教师唱一句，幼儿唱一句。 • 教师完整演唱，幼儿轻声跟唱。 • 分组学唱歌曲（先妹妹朋友唱一遍，再弟弟朋友唱一遍） • 大家一边唱，一边模仿着做小鸡、小鸭的动作。 三、综合活动、总结 教师请一半幼儿做小鸡，一半幼儿做小鸭。戴好头饰，一起来玩小鸡和小鸭的游戏吧！	2~3

保教活动评估

1. 能看着图片，学习歌曲。
2. 能模仿小鸡小鸭的动作，尝试做游戏。

活动十三：小鸭小鸡（二）

领域	艺术表现、动作发展
活动资源	1. 游戏书上：小鸡和小鸭 2. 幼儿用书❹第14～15页
活动目标	1. 学习用蜡笔，为小鸡、小鸭涂上漂亮的颜色。 2. 在活动中感受绘画的乐趣。

活 动 过 程	时间(分钟)
一、引发动机 教师播放儿歌《小鸭小鸡》，引导幼儿听音乐，回忆它们是谁？	2～3
二、主要活动 1. 出示幼儿用书❹第14～15页，引导幼儿观察图片里小鸡和小鸭的身体是什么颜色的？ 2. 出示游戏书上：小鸡和小鸭。 　师："森林里要办舞会，但小鸡、小鸭缺少了漂亮的衣服，它们不能去参加森林舞会了，怎么办？" 3. 教师请幼儿，为小鸡小鸭涂颜色，穿上漂亮的衣服。 　师："我们帮助它们，把它们变得漂亮起来，好吗？" 4. 师："涂色的时候注意颜色要均匀，用力涂哦。" 5. 教师巡回指导，帮助有困难的幼儿。 6. 师："看看，谁的小鸡、小鸭穿的衣服漂亮？"	8～10
三、综合活动、总结 师："谢谢你们帮助了小鸡和小鸭，它们要去参加森林舞会了，再见！"	2～3

保教活动评估

1. 使用蜡笔涂色的时候用力涂，尽量不涂到外面来。
2. 愿意帮助小鸡和小鸭，为它们打扮。

活动十四：捡积木

领域	习惯养成、语言发展、情感与社会性发展
活动资源	1. 一只小花猫手偶 2. 放积木的篮子或盒子 3. 创设搭积木的游戏场景 4. 儿歌
活动目标	1. 学说短句：对不起，没关系。 2. 乐意跟教师念儿歌。

活 动 过 程	时间（分钟）
一、引发动机 1. 搭积木。 请幼儿在一块地毯上搭建积木。教师持小猫手偶和幼儿对话，引导幼儿说说自己搭的是什么。 2. 说一说。 鼓励幼儿用一句简单的话告诉大家，自己搭的是什么。如："我今天搭了一撞房子"或"我今天搭了一辆汽车"等。	2～3
二、主要活动 1. 情景表演。 ● 教师表演 师："小花猫好开心，喵呜喵呜叫，这儿真好玩，让我来看看，让我来看看，蹦蹦跳跳好开心。小花猫当心！小花猫当心！哎呀呀呀！（将积木碰倒）发生了什么事？小猫吓坏了，说：'对不起，我是不当心的。'小宝宝，我们该怎么办？" ● 讨论 让幼儿讨论该怎么办，教师引导幼儿达成一致：我们一起捡起来。 ● 想想，应该对小花猫说什么？ 教师总结："不生气，我们再搭，没关系。" 2. 捡积木，念儿歌。 教师和幼儿一起把积木捡起来放到盒子里。一边捡一边念儿歌： 　　　小花猫不当心，碰倒积木撒满地。 　　　小宝宝不生气，捡起积木放回去。 　　　一二三，三二一，积木放得好整齐。	8～10

续 表

活动过程	时间(分钟)
3. 教师表扬积木放得整齐的幼儿,鼓励幼儿边捡边跟着念儿歌。 三、综合活动、总结 1. 最后,教师再次扮演小花猫,跟幼儿说"对不起,以后一定会当心。" 2. 引导幼儿说:"小花猫,我们原谅你,下次要当心。"	2～3

保教活动评估

1. 愿意将积木捡起来。
2. 会和同伴说"对不起""没关系"。

活动十五：有趣的影子

领域	认知发展、动作发展
活动资源	1. 幼儿用书第12～13页 2. 儿歌《有趣的影子》 3. 游戏书：有趣的影子
活动目标	1. 初步了解影子，知道在太阳及灯光下会有影子。 2. 感受大自然的神奇，愿意在户外游戏。

活动过程	时间(分钟)
一、引发动机 请幼儿翻看学生书，念儿歌，引起兴趣 **有趣的影子** 一个好朋友，天天跟我走。 有时走在前，有时走在后。 我停他也停，我走他也走。 我和他说话，就是不开口。	2～3
二、主要活动 1. 师："宝宝，你知道影子吗？" 2. 教师提问，幼儿自由回答。 　● 影子是什么颜色的？ 　● 你在什么地方能看见影子呢？ 教师请幼儿打开幼儿用书第12～13页，找一找影子。 3. 师："在书中你看到了怎样的影子？让我们一起来找找吧。" 4. 教师出示游戏书上"有趣的影子"，请幼儿撕下水果贴纸贴在相应的影子上。 师："瞧，还有一些水果朋友找不到自己的影子了，让我们一起来帮助它们吧。"	8～10
三、综合活动、总结 师："黑黑的影子真有趣，我们一起去草地上玩找影子的游戏吧！"	2～3

保教活动评估

1. 在游戏中能仔细观察，说出自己看到了什么。
2. 为水果宝宝找影子，并将它们贴到正确的地方。

单元名称：小伙伴，一起玩

 活动十六：漂亮的项链

领域	艺术表现、动作发展、情感与社会
活动资源	1. 幼儿用书上第9页 2. 各种不同的颜色的串珠若干，绳子人手一条
活动目标	1. 能用绳子串漂亮的珠子，送给自己的好朋友。 2. 在游戏中，感受和朋友一同分享的快乐。

活 动 过 程	时间(分钟)
一、引发动机 1. 教师出示漂亮的珠子和彩色的绳子，请幼儿猜一猜，这些是用来干什么的？ 2. 教师出示幼儿用书上第9页，请幼儿观察欣赏项链，并说说项链是怎么串的。 师："新年就要到了，我们来做一串漂亮的项链送给朋友吧。"	2～3
二、主要活动 1. 挑一挑。 挑一根好看的绳子。 2. 找一找。 找一些颜色相同的珠珠，或者是不同颜色的彩色珠珠。 3. 串一串。 将彩色的珠子一个一个地穿进绳子里。注意要串得长一些，可以戴在脖子上。 4. 比一比。 请幼儿展示项链，大家说说，哪根项链漂亮。	8～10
三、综合活动、总结 1. 教师请幼儿送项链，把自己串好的项链送给自己的好朋友。 2. 和好朋友抱一抱，并说声："谢谢！"	2～3

保教活动评估

1. 能认真、仔细地串项链。
2. 拿到朋友送的项链时会同好朋友说"谢谢！"

活动十七：搭积木

领域	认知、动作发展、社会与情感
活动资源	1. 幼儿用书第22～23页 2. 游戏书上：搭积木
活动目标	1. 和成人一同游戏，尝试垒高5块左右的积木。 2. 通过游戏，感受与父母在一起的快乐及温馨。

活动过程	时间(分钟)
一、引发动机 师：(出示幼儿用书第22页)"看宝宝和妈妈在干什么？他们是怎么玩的？"	2～3
二、主要活动 1. 找一找 ● 幼儿和妈妈一起比赛，看看谁找得最快。(教师分别出示不同的颜色，请成人与幼儿一起找相同颜色的积木) 2. 搭一搭 ● 请幼儿把刚才找到的积木叠起来，看谁叠的高。 ● 引导幼儿来数数，这里一共有几块积木？ ● 大家轮流搭积木，宝宝的积木和妈妈的积木可以放在一起玩，看看能搭出什么来。	8～10
三、综合活动、总结 1. 师："积木玩好了，应该怎么办？"(把积木送回家) 2. 师："大家一起打开游戏书上(搭积木)，请把积木送到自己的家里去吧！" 3. 请幼儿把游戏书上"搭积木"配套贴纸撕下，粘贴到此页对应位置。	2～3

保教活动评估

1. 认识颜色，能根据颜色找积木。
2. 能点数5以内的物体。
3. 能自己动手将积木贴纸贴到对应的地方。

活动十八：新年到

领域	语言发展、情感与社会性发展、艺术表现	
活动资源	1. 幼儿用书上第 10 页 2. 游戏书上：新年树 3. 儿歌：新年好	
活动目标	1. 知道马上就要到新年了，自己又要长大一岁了。 2. 愿意在新年里对别人说："祝你新年快乐！"	
活动过程		时间(分钟)
一、引发动机 教师和幼儿一起听音乐"新年好"。 师："这是什么音乐？在什么时候会放这样的音乐？"		2～3
二、主要活动 1. 教师出示幼儿用书上第 10 页，请幼儿观察图片，并与幼儿谈话。 　师："新年就要到了，我们要去朋友家做客，我们该怎么说呢？让我们来看看小动物们过年是怎么去做客的。" 2. 教师表演。 　● 手偶表演 　小动物过年去做客，小熊在大象老师的帮助下，高兴地说"新年快乐、万事如意。" 　● 提问："你们听到小熊会说什么话了？你也来学一学。" 　师："你还会说哪些新年祝福话？"（同伴交流） 3. 大家来问候：新年好。 4. 请幼儿打开游戏书"新年好"，用贴贴纸的方式动手布置新年树。		8～10
三、综合活动、总结 1. 总结：有礼貌的宝宝人人爱。年过完了，我们还要记得见到老师问个早。 2. 平时晨间来园时，教师在门口迎接并鼓励幼儿大声地说："老师好。"		2～3

保教活动评估

1. 能够开口和别人打招呼。
2. 学说新年祝福的话语。
3. 能够自己动手装饰新年树。

活动十九：大家一起玩

领域	习惯养成、语言发展、情感与社会性发展
活动资源	1. 故事《明明哭了》 2. 背景图片（教师根据图片自绘）
活动目标	1. 通过故事，了解同伴有时候会发生困难。 2. 在教师的引导及鼓励下，愿意将自己多的玩具给同伴玩。

活动过程	时间(分钟)
一、引发动机 1.（播放小朋友哭的声音）师：" 呜～呜～，听，这是什么声音？" 2. 教师出示故事图片，提问："图片上的小宝宝怎么了？他为什么哭呢？"	2～3
二、主要活动 1. 请幼儿听故事，了解故事的主要情节。 　　　　　　　　　　　　明明哭了 　　　　　　　　　　　　　　　　　　　作者：杜艳 　　在幼儿园里，小朋友们都坐在一起玩玩具，大家玩得很高兴。明明突然哭了起来，老师连忙走过去，问明明："你怎么啦？为什么哭呀？"明明说："我今天带来了一架小飞机，可是刚才不小心弄坏了！"说完，他又伤心地哭了起来，老师连忙安慰他："别哭了，我们一起来想办法吧！"老师问小朋友："明明的玩具坏了，他很伤心，大家谁愿意借一个玩具给明明玩呢？"这时，乐乐手里有两个玩具，他站起来走到明明身边，说："明明，别哭了，我的玩具借给你玩。"明明接过乐乐手里的玩具，开心地笑了。 ● 师："让我们一起来听听故事，到底发生了什么事？" ● 师："你听到了吗？明明为什么会哭呢？" 2. 想办法。 　师："明明哭了我们该怎么办？可以和明明说什么呢？" 　师："我们还可以用什么办法来帮助明明呢？" 3. 试一试。 　师："老师来扮演明明，宝宝们来帮助老师，想想你们该怎么说、怎么做？"	8～10
三、综合活动、总结 再次完整听故事，学说一句好听的话："别哭了，我们都是好朋友。""我的玩具给你玩。"	2～3

保教活动评估

1. 愿意认真听故事。
2. 对故事中发生的问题,愿意像乐乐一样帮助同伴。

活动二十：给朋友送礼物

领域	动作发展、认知发展、情感与社会性发展
活动资源	1. 已学会做"找朋友"的游戏 2. 儿歌：新年好 3. 事先收集一些小礼物（可以小朋友自己准备也可以老师准备）
活动目标	1. 找找自己的朋友在哪里。 2. 通过游戏的方式，将礼物送给他。 3. 感受和同伴一起游戏的快乐。

活 动 过 程	时间(分钟)
一、引发动机 1. 听音乐，回忆歌曲《找朋友》。 2. 一起做游戏《找朋友》。	2～3
二、主要活动 1. 教师：出示礼物。 　师："这是什么？为什么要送礼物？" 2. 师："新年快到了，你准备送礼物给哪个好朋友？" 3. 教师请幼儿每人选一份礼物。 4. 教师播放音乐邀请幼儿听着音乐，去找朋友，并和朋友交换礼物。 5. 请幼儿说说，你和谁一起交换了礼物？ 6. 讨论：收到礼物的时候宝宝应该怎么说呢？	8～10
三、综合活动、总结 总结："今天，我们和朋友一起玩，并拿到了朋友送的礼物，真开心！"	2～3

保教活动评估

1. 愿意在游戏中找朋友。
2. 愿意和同伴交换礼物。
3. 拿到礼物以后会和朋友说："谢谢！"

附录 托班作息时间表

决定课程内容的安排时要考虑的因素很多,其中之一是"时间的安排"。这里的时间有两个向度:

一、一年里时间的安排(下面月份的数字属于建议,老师可以根据情况缩短时间或是加长时间)

1. 适应期(9月~10月):幼儿的"调适期",托班幼儿要开始适应上学的要求,如,规律的到校时间。

2. 发展期(11月~来年的5月):幼儿渐渐适应后,其学习焦点是融入学校的各种个别化以及集体学习活动。

3. 衔接期(来年的6月~7月):这时托班幼儿一方面会有结业活动,一方面会面临即将转到小班的情况,时间的安排会因此有调整。

二、一日时间的安排:一日里的时间分配也会因为各校、各地区、不同季节而调整。因此,下面的建议是可调整的

托班一日作息时间表:9月~10月(适应期)

时间	内容	说明
8:30~8:45	游戏、学习与生活活动 8:00~8:45　第一批幼儿入园 8:15~8:45　第二批幼儿入园 8:30~8:45　第三批幼儿入园	入园时间可分批进行,这样将提供教师与幼儿和家长沟通的可能性,方便组织不同时间抵达学校的幼儿的游戏活动。
8:45~10:30	运动、生活活动 8:45~9:30　运动、游戏时间 9:30~9:50　生活时间 9:50~10:10　学习时间 10:10~10:30　运动、游戏时间	老师依据园内场地大小、教室分布情况、季节、天气变化等条件,变化运动进行的节奏与活动时间的分配。
10:30~10:50	自由活动、生活活动(盥洗、餐前准备)	餐前准备时间可进行共同阅读、餐点介绍等活动。

续 表

时间	内容	说明
10:50～15:00	生活活动（午餐、散步、午睡、起床整理等）	
15:00～15:30	运动、游戏活动	
15:30～15:45	生活活动（点心、离园准备）	
15:45～16:00	离园	提前离园15分钟左右，使幼儿逐步适应在园时间。

托班一日作息时间表：11月～来年的5月（发展期）

时间	内容	说明
8:00～9:15	游戏、学习与生活活动	
9:15～10:15	运动、生活活动 9:15～9:35　运动 9:35～9:45　生活 9:45～10:00　运动 10:00～10:15　运动	老师依据园内场地大小、教室分布情况、季节、天气变化等条件，变化运动进行的节奏与活动时间的分配。
10:15～10:35 （请老师控制在15～18分钟左右）	学习活动	做法请参考教师手册。
10:35～10:55	自由活动、生活活动（盥洗、餐前准备）	餐前准备时间可进行共同阅读、餐点介绍、戴围兜等活动。
10:55～15:30	生活活动（午餐、散步、午睡、起床整理、点心等）	
15:30～16:00	户外运动/功能室活动/离园准备	
16:00	离园	

托班一日作息时间表：来年的6月~7月（衔接期）

时间	内容	说明
8:00~9:15	运动、生活活动 8:00~8:25　运动 8:25~8:45　生活 8:45~9:00　运动 9:00~9:15　生活	考虑本园场地大小、教室分布情况，并根据季节、天气变化，考虑运动分段进行。
9:15~10:15	游戏与学习、生活活动	
10:15~10:30	学习活动	
10:30~10:50	自由活动、生活活动（盥洗、餐前准备）	餐前准备可进行共同阅读、餐点介绍等活动。
10:50~15:30	生活活动（午餐、散步、午睡、起床整理、午点等）	
15:30~16:00	运动、活动室活动	
16:00	离园	